DAS JUWEL IM LOTOS

Tiefere Aspekte des Hinduismus

Other titles by Sri M from Magenta Press

- Apprenticed to a Himalayan Master
  A Yogi's Autobiography

- The Little Guide to Greater Glory and a Happier Life

- Wisdom of the Rishis
  Ishavasya, Kena, Mandukya

- Jewel in the Lotus
  Deeper Aspects of Hinduism

- How to Levitate and other Great Secrets of Magic
  by James Talbot (Sri M)

- The Upanishads
  Katha, Prashna, Mundaka

- The Journey Continues
  Sequel to Apprenticed to a Himalayan Master

Translations available of Sri M's autobiography:

- Hindi
- Telugu
- Bengali
- Spanish
- Marathi
- Malayalam
- Tamil
- Japanese
- Oriya
- Kannada
- Gujarati
- German
- Russian
- Italian

To buy books, DVD's and Digital downloads online visit
www.magentapress.in

DAS JUWEL IM LOTOS

Tiefere Aspekte des Hinduismus

Shrī M

Mit einem Vorwort von
Dr. Karan Singh

Aus Vorträgen zusammengestellt von
Roshan Ali

Übersetzung : Hans Jecklin

Lektorat : Stephan Schuhmacher

Magenta Press

Titel des englischen Originals:

Jewel in the Lotus

Deeper Aspects of Hinduism

Anmerkungen des Übersetzers:

Den Sanskrit-Namen und -Termini wurden diakritische Zeichen als Aussprachehilfe beigefügt. Vokale mit Überstrich werden lang und betont gesprochen.

Die Fußnoten wurden fast alle vom Übersetzer beigefügt.

Verlag : Magenta Press & Publication Pvt. Ltd.
No. 1 st Floor, Webster Road, Cox Town,
Bengaluru - 560005 . Karnataka, India
Tel: +91 93430 715 37 I +91 63630 835 90
info@magentapress.in / www.magentapress.in

ISBN : 978-81-956089-0-4
2022 edition

Mein Param Guru Sri Guru Babaji.

Mein Guru Sri Maheshwaranath Babaji.

Inhaltsverzeichnis

Vorwort   VI

Über Shrī M   VIII

Zu größerer Herrlichkeit

und einem glücklicheren Leben   1

So sprach der Meister   24

Die Essenz des Hinduismus   73

Illusionen, die unser Leben bestimmen   88

Die vedāntische Suche nach dem wahren Selbst   105

In der Welt, doch nicht von der Welt   123

Das Gāyatrī-Mantra   137

Todesfurcht   147

Schmerz im Licht des Yoga   150

Spiritualität und Materialismus   152

Falsche Vorstellungen von Kundalinī   163

Vorwort

Der Hinduismus ist ein schillerndes und facettenreiches Phänomen; in ihm offenbart und spiegelt sich eine grenzenlose Vielfalt an Möglichkeiten zu spirituellem Wachstum und deren Integration. Er beruht im Wesentlichen auf den sublimen Lehren der Upanischaden und deren Eignung zu schöpferischer Neuinterpretation. Tatsächlich kann man die Geschichte des Hinduismus als eine Abfolge von Herausforderungen und kreativen Reaktionen lesen, als bis zum heutigen Tag anhaltenden Prozess. Angesichts der Entstehung einer globalen Gesellschaft bin ich überzeugt, dass die universellen Prinzipien des Hinduismus gerade heute an Bedeutung gewinnen, wo wir, vom unaufhaltsamen Zeitenlauf getrieben, ins dritte Jahrtausend eingetreten sind.

Von allen theoretischen Erwägungen einmal abgesehen: Hinduismus bedeutet, einen spirituellen Weg zu gehen, und davon gibt es viele. Es sind die individuellen Pfade, beruhend auf einer die ewige Lebensader des Hinduismus bildenden kreativen Interaktion zwischen Lehrer und Schüler, die ihn zum kraftvollen Vehikel für inneres Wachstum und spirituelle Verwirklichung machen. In diesem Sinn sind die Erfahrungen jener, die den Weg gegangen sind, von großem Wert. Das vorliegende Buch *Das Juwel im Lotos* handelt von den Lebenserfahrungen und Lehren des Mumtaz Ali, besser bekannt als „Shrī M". Dass ein als Muslim Geborener zu so tiefen Erkenntnissen und Erfahrungen der Hindu-Tradition komme, mag manche überraschen, doch ein echter spiritueller Pfad kennt keine Grenzen von Rasse oder Religion, Geschlecht oder Glaubensbekenntnis, Sprache oder

Nationalität. Die Mystiker aller großen Weltreligionen – die Rishis, Siddhas, Tīrthankaras, Bodhisattvas, Sufis, die Gurus und Heiligen – haben alle die einen oder anderen Aspekte des unermesslichen göttlichen Glanzes beleuchtet.

Ich kenne „Shrī M" seit einigen Jahren, und wir hatten verschiedentlich Gelegenheit, uns über die wesentlichen Fragen auszutauschen, auch anlässlich eines von mir präsidierten dreitägigen Workshops über die *Kena-Upanishad.* Aufgrund seiner außerordentlichen Erfahrungen verfügt „Shrī M" über ein besonderes Verständnis der Lehren der Upanischaden, geprägt von einer tiefen Einsicht ins Herz der spirituellen Tradition. Ich bin überzeugt, dass dieses Buch über tiefere Aspekte des Hinduismus sowohl den an der Vielfalt der zeitgenössischen Religionen Interessierten als auch den nach der letzten Wahrheit Suchenden wesentliche Anregungen bieten wird.

Dr. Karan Singh

Über Shrī M

Der Knabe war wenig mehr als neun Jahre alt, als er eine merkwürdige Erscheinung wahrnahm. Er war der Sohn einer muslimischen Familie aus dem Dekkan[1], die sich in Trivandrum, der wunderschönen Hauptstadt Keralas, niedergelassen hatte. Da er von seiner gläubigen Großmutter Geschichten von Engeln gehört hatte, die herabgekommen waren, um Mohammed und andere Propheten zu segnen, glaubte er zuerst, einen Engel zu sehen.

Es war an einem Abend, als sich der Knabe gerade im Innenhof des elterlichen Hauses aufhielt, dass er am entfernten Ende des Hofraums jemanden unter dem Jackfruchtbaum stehen sah. Der Fremde winkte den Knaben mit einer Geste zu sich heran. Dieser spürte keinerlei Angst und fühlte sich im Gegenteil zu dem Fremden hingezogen.

Er war groß, hellhäutig und von schönem Wuchs, lediglich mit einem Lendentuch bekleidet. Indem er seine rechte Hand auf den Kopf des Knaben legte, fragte er freundlich: „Vermagst du dich an etwas zu erinnern?" Auf die verneinende Antwort des Knaben hin erwiderte der Fremde auf Dekkani[2]: „Später wirst du verstehen. Du wirst mich nun viele Jahre lang nicht mehr sehen, denn du sollst jetzt erst deine Studien abschließen. Bis die Zeit für die Wiederbegegnung reif ist, sei es dir nicht erlaubt, jemandem von unserer Begegnung zu erzählen. Geh nun nach Hause." Damit verschwand er.

Dies war die erste Initiation. Zwei Jahre später, während er

---

1 Vulkanisches Hochland im Zentrum Indiens.
2 Sprache des Dekkan.

Verstecken spielte, erfuhr der Knabe, was man in yogischer Ausdrucksweise als *Kevala Kumbhaka* bezeichnet – das Aussetzen des Ein- und Ausatmens. Glückseligkeit erfüllte sein Herz. Der Atem kehrte nach einigen Minuten zurück.

Bald gelang es ihm, mit einem tiefen Seufzer willentlich in diesen Zustand zurückzukehren. Das dabei erfahrene Glücksgefühl überzeugte ihn, dass eine größere Wirklichkeit in ihm existierte – eine Welt spiritueller Glückseligkeit.

In seinem äußeren Wesen unterschied er sich nicht von seinen Altersgenossen, außer durch seine Liebe zu religiösen Schriften und Philosophien – welcher Religion auch immer – sowie zu hingebungsvollen Liedern und Diskussionen über Gott, Heilige und Weise.

Im Alter von elf Jahren besuchte er das Haus eines gewissen Herrn Pillai, dessen Neffe und Schwiegersohn ihm Nachhilfeunterricht in Mathematik erteilten. Eines Abends, als er Pillais Haus wie üblich betrat, fand er sich unversehens einem ehrwürdigen, beeindruckenden Mann von etwa 60 Jahren gegenüber – glattrasiert, mit kurzgeschnittenem silbergrauen Haar, bekleidet mit einem Kurzarmhemd und Lendenschurz –, der mit untergeschlagenen Beinen auf einer Bank saß. Der Raum duftete nach Räucherwerk.

„Guten Abend", sagte der alte Mann auf Malayalam.[3]

„Komm, komm, hab keine Angst!"

„M" trat näher. Der Mann klopfte ihm auf die Schultern, fuhr ihm mit der Hand über Hals und Kopf, indem er sagte:

„Mmmh. Gut. Alles wird gut werden zur richtigen Zeit."

Wiederum stockte ihm der Atem, gefolgt von dem besonderen Gefühl der Glückseligkeit. „M" stand auf und kehrte umgehend nach Hause zurück. Die Führung hatte eingesetzt. Dies war die erste der großen Seelen, denen „M" im Lauf seiner spirituellen Reise begegnen sollte.

---

3 In Kerala verbreitete Sprache, die wie Tamil, Telugu, Kannada zur dravidischen Sprachfamilie gehört.

Erst viel später erfuhr „M", dass es sich bei dem Mann um eine selbstverwirklichte, im Zustand der Allverbundenheit lebende Seele handelte. Da er in Pujapura lebte, wurde er einfach Pujapura Svāmi genannt. Er war unverheiratet, ohne Mönch zu sein. In seiner Jugend war er durch einen bedeutenden Lehrer in Praktiken des Yoga eingeweiht worden und hatte seither ein beispielhaftes Leben geführt – aus einem glückseligen, im Absoluten aufgehobenen Herzen –, während er seine Pflichten wie ein normaler Sterblicher erfüllte.

M" erfuhr auch, dass Pujapura Svāmi an gewissen Tagen Mitternachts-*Satsangs*[4] hielt, an denen gelegentlich auch ein bedeutender *Sannyāsin*[5] teilnahm, der sogar auf einen Lendenschurz verzichtet hatte. Pujapura Svāmi war, da er keine Propaganda wünschte, außerhalb eines kleinen Kreises unbekannt.

Als „M" siebzehn Jahre alt war und der geheimnisvolle *Sannyāsin* bereits nicht mehr lebte, verschaffte ihm ein Freund eine privat zirkulierende Zusammenstellung von dessen Lehren. Sie gaben die Essenz des *Vedānta*[6] in einfacher Sprache wieder.

Indessen begann „M" von Zeit zu Zeit das entsprechend seinem Fortschreiten auf dem Weg benötigte Wissen wie von selbst zuzufallen. So entlieh sein Vater, der nie ein orthodoxer Muslim gewesen war, B.K.S. Iyengars *Licht auf Yoga* von einem seiner Freunde. „M" las es durch. Ein Yogalehrer, Shrī Sharma, führte ihn danach in die ersten *Yoga-Āsanas*[7] und das Sonnengebet[8] ein.

Eines Tages begegnete „M" Svāmi Tapasyānanda, von der Rāmakrishna Mission, einem direkten Schüler der Sarada Devi[9]. Er war damals Leiter der Rāmakrishna Mission in Trivandrum. Der Bibliothekar

---

4 Begegnung im Geiste der Verbundenheit im Absoluten.

5 Asket.

6 Vedische Lehren.

7 Körperstellungen im *Hatha-Yoga*.

8 Spezieller Ablauf von *Āsanas*.

9 Ehefrau und spirituelle Partnerin von Rāmakrishna.

der Trivandrum Public Library gab „M" die Werke von Vivekānanda zu lesen. Außerdem hatte „M" die Möglichkeit, Svāmi Chinmayānandas Japa-Yoga und *Gāyatrī* zu lesen, und er begann das *Gāyatrī-Mantra*[10] zu singen. Ein Tantriker führte ihn in gewisse *Mantras*[11] ein und lieh ihm Sir John Woodroffes *Serpent Power*. Er las viele andere Bücher, einschließlich der Upanischaden, der *Bhagavad- Gītā,* sowie verschiedener yogischer Texte und solcher des *Vedānta*. Dabei entdeckte er, dass Sanskrit für ihn nicht allzu schwierig zu verstehen war.

Gleichzeit mit dem Erwerb theoretischen Wissens meditierte er stundenlang, besonders um Mitternacht. Er brauchte nur die Augen zu schließen und sich auf den Herzlotos zu konzentrieren, um in *Kevala Kumbhaka* einzutreten und unnennbare Glückseligkeit sowie außerordentliche Visionen von göttlichen Lichtern und Stimmen zu erleben. Manchmal blitzten auch erschreckende Visionen in seinem Bewusstsein auf, doch sie gingen vorüber, und er fand sich erneut in seinem von Ekstase erfüllten Zustand.

Dann begegnete er einem weiteren bedeutenden Menschen, bekannt als Chempazanthi Svāmi. Die Jesuiten hatten eben ihr erstes Loyola Junior College in Sreekaryam außerhalb Trivandrums eröffnet, und „M" war Teil der ersten Gruppe von Vordiploms-Studenten. Wenige Kilometer entfernt befand sich das abgelegene Dorf Chempazanthi, Geburtsort von Shrī Nārāyana Guru, dem großen Reformer und Heiligen.

Chempazanthi Svāmi lebte im benachbarten Chenkotkonam. Der ehemalige Teashop-Besitzer war zum Heiligen geworden. Als ergebener Verehrer von Rāma war er dafür bekannt, wie der legendäre Hanuman[12] lange Zeit auf Bäumen gelebt und sich von Nüssen ernährt zu

---

10 Das Gāyatrī-Mantra richtet sich an das alles durchstrahlende Göttliche Licht, es gilt als Essenz der Veden und heiligstes Mantra.

11 Mantra bezeichnet eine heilige Silbe, ein heiliges Wort oder einen heiligen Vers. Durch deren hörbare oder gedankliche Wiederholung verbindet sich der Rezitierende mit ihrer spirituellen Wirkkraft.

12 Hinduistische Gottheit mit der Gestalt eines Affen.

haben. Er liebte *Bhajans[13]* und *Kirtans[14]*. Als „M" ihn in seiner Hütte antraf, wirkte er dünn, fein und zerbrechlich. Sein stets lächelndes Gesicht war von einem Klumpen aufgewickelten, verfilzten Haares gekrönt, und er roch nach *Vibhūti[15]*. Er nahm eine Prise der heiligen Asche auf und berührte damit „M's" Stirn. Dann schob er ihm einige Traubenbeeren in den Mund und sagte: „Mmmmh, muss noch reifen, wird reifen. Singe *Bhajans*!" „M" meditierte einige Minuten lang, warf sich dann nieder und verließ den Ort.

Zu jener Zeit hatte „M" einen aus einer Brahmanenfamilie stammenden nahen Freund, dessen Vater den Heiligen Sai Baba von Shirdi verehrte. Als „M" Babas Bild sah, erfasste ihn der unmittelbare und unwiderstehliche Wunsch, mehr über dessen Leben zu erfahren. Am folgenden Tag gab ihm der Wohnungsvermieter seines Freundes – ein Advokat namens Subramanya Iyer – ein Exemplar des von Narasimha Svāmi[16] verfassten Buches *The Life of Sai Baba of Shirdi*. Danach lieh er ihm *The Wonderful Life and Teachings of Shirdi Sai Baba* von Shrī Sai Satcharitra.[17] „M" verliebte sich spontan in den großen Asketen.

In jenen Tagen hatte „M" durch einen Freund – damals Medizinstudent, heute Neurochirurg – von einer am Meeresufer von Kanyakumari[18] lebenden Asketin gehört. Man erzählte sich, dass sie über hundert Jahre alt sei, und niemand wisse, woher sie gekommen und was ihre Sprache war. Die wenigen Worte, die sie äußerte, klangen nach Bengali.

„M" wollte sie allein besuchen. Kanyakumari liegt nicht allzu weit von Trivandrum entfernt. Er erreichte den Ort kurz vor Mittag. Er ging zu Fuß von der Busstation und gelangte bald zum Eingang des

---

13 In Bhajans besingen Gläubige ihre Liebe zu Gott.

14 Gemeinsames Singen in tiefer Hingabe.

15 Aus dem Opferfeuer stammende heilige Asche.

16 Shrī Narasimha Svāmi war ein Vertrauter des Shirdi Sai Baba.

17 Shrī Sai Satcharita: *Leben und Lehren des Shrī Sai Baba von Shirdi.*

18 Hinduistischer Pilgerort am Kap Komorin, dem südlichsten Punkt des indischen Subkontinents.

Devi-Tempels. Als er zum felsigen Strand hinabging, fand er sie: eine Frau, die wie um die sechzig wirkte und keinerlei Kleidung trug. Sie hatte ein typisch bengalisches Gesicht mit alterslosen, leuchtend Augen und sah ihn lächelnd an. Sie saß auf einem der Felsen, inmitten einer Horde von Straßenhunden, die einen Sicherheitsring um sie bildeten und warnend knurrten, als „M" sich näherte.

Mai Ma schalt die Hunde mit eigenartigen Lauten, worauf diese sich verzogen und sich abseits niederließen. Sie lud „M" ein, sich niederzusetzen. Er setzte sich auf einen Felsblock. Sie zeigte auf die *Dosas*[19], die er bei sich hatte, und sagte etwas Unverständliches. Er gab ihr die *Dosas*. Einige verfütterte sie an die Hunde, zwei aß sie selbst und gab ihm den Rest zurück. Er schloss die Augen und versuchte, sich auf ihr Schwingungsfeld einzustimmen. Als er die Augen nach langer Zeit wieder öffnete, war sie noch immer da. Sie schenkte ihm ein breites Lächeln und sagte: *„Jao, jao, thik ..."* Das letzte Wort konnte er nicht verstehen.

Wenn einem ein spiritueller Meister zu gehen bedeutet, heißt dies, dass man dort nichts mehr weiter zu suchen habe. „M" warf sich nieder und entfernte sich. Nach einem Besuch von Vivekānandas[20] Felsendenkmal kehrte er nach Trivandrum zurück.

Erst am folgenden Morgen wurde er sich der Bedeutung der Begegnung mit Mai Ma bewusst. Nachdem er in der Nacht lange meditiert hatte, kam er bei der Morgendämmerung nur mit Mühe auf die Füße. Während seines tiefen Schlafes hatte er einen wunderbaren und lebendigen Traum gehabt: Als Bettler mit verfilztem Haar saß er, nur mit einem Lendenschurz bekleidet, im Lotossitz meditierend unter einem Banyan-Baum im Zentrum einer Kreuzung von vier Wegen inmitten eines dichten Dschungels.

Ein schwaches Geräusch veranlasste ihn, die Augen zu öffnen, und er nahm Mai Ma wahr, wie sie sich mit einem Wanderstab in der Hand auf

---

19 Südindische Pfannkuchen aus einem fermentierten Teig von Reis und Urdbohnen.
20 Vivekānanda: hinduistischer Mönch und Gelehrter. Er sprach 1893 in Chicago als erster Hindu vor dem Weltparlament der Religionen.

einem der Wege näherte. Ihre Gestalt war riesig, weit über lebensgroß. Als sie bei ihm angekommen war, berührt sie ihn am Kinn und sagte: „Gib mir etwas zu essen.“

Er erwiderte: „Mai Ma, ich habe lediglich zwei verdorrte Reiskörner, die sich in meinem verfilzten Haar verstecken.“

„Gib sie mir“, sagte sie. Ohne Zögern gab er ihr die zwei Körner. Sie fragte ihn: „Bist du hungrig?“ Er sagte: „Ja, doch iss sie, Ma!“ Sie aß genussvoll, wandte sich ihm dann zu und sagte: „Dein Hunger gilt etwas anderem. Schließe die Augen.“

Er schloss die Augen. Sie drückte – wie es sich anfühlte mit ihrem Daumen – fest auf die Mitte seiner Stirn. Ein Ozean von Glückseligkeit mit dem Zentrum im Stirnbereich durchflutete daraufhin sein ganzes Wesen bis in jede Zelle. Er verlor das Körperbewusstsein; alles war nur noch Glückseligkeit.

Dann wachte er auf. Der Traum verschwand, doch wie wunderbar: die Glückseligkeit blieb. Er fühlte sich wie ein Betrunkener, der das letzte Glas bis zur Neige geleert hatte. Langsam setzte er sich auf und streckt die Beine. Vorsichtig ging er zur Toilette, wobei er sich bemühen musste, sich aufrecht zu halten. Auch nachdem er nach einigen Minuten die Kontrolle über Körper und Bewusstsein wiedererlangt hatte, setzte sich der Strom der Glückseligkeit im Kern seines Wesens fort. Seither hat er ihn nicht mehr verlassen – immer gegenwärtig, manchmal schwächer, manchmal intensiver.

Da er durch den Besuch lokaler Sufi-Gruppen und Begegnungen mit Emiren verschiedener Sufi-Orden bereits mit den Lehren der Sufis bekannt war, wandte er sich schließlich an eine Perle unter den Sufis.

Die Rede ist von Kaladi Mastan, der nackt auf dem Strand bei Birapalli in Trivandrum lebte. Als „M“ ihn das erste Mal traf, war dieser gerade dabei, eine Tasse Tee zu trinken, die ihm ein Schüler gereicht hatte. Er lächelte und gab „M“ den Rest des Tees zu trinken. Dann sagte er: „Der große Dieb ist gekommen, um meinen Schatz zu stehlen. So nimm ihn auf gerechte Weise!“ Dann zündete er eine

Zigarette an und wies „M" an: „Rauche!" Nachdem „M" ein paar Züge geraucht hatte, gab er dem Meister die Zigarette zurück. „M" saß weiter zu seinen Füssen und meditierte. Der Meister bedeckte „M's" Kopf mit Sand und reinigte dabei alle seine *Nādīs*[21]. Kaladi Mastan pflegte sich wie ein Irrer zu verhalten, und viele hielten ihn denn auch für verrückt. Doch er war ein unschätzbar kostbares Juwel, und die wenigen Wissenden wussten darum.

Inzwischen weilt er physisch nicht mehr in dieser Welt. Viele besuchen sein Grabmal.

Nicht weit entfernt lebte Poontharasami, ein anderer gottestrunkener Mann mit verfilztem Haar, den ebenfalls viele fälschlicherweise für verrückt hielten. Als „M" ihn besuchte, stand er plötzlich auf und versetzte ihm einen Fußtritt gegen die Brust. Es war wohl ein Tritt zum rechten Zeitpunkt, denn er öffnete den Durchgang für den Fluss einer machtvollen Energie.

Als „M" sich einen Monat später bei Poontharasami bedanken wollte, war er verschwunden; niemand wusste, wohin. Ein beeindruckend aussehender Schwindler, der behauptete, sein nächster Schüler zu sein, versuchte, „M" zu beeinflussen. Der arme Kerl realisierte nicht, dass „M" ihn wie ein offenes Buch zu lesen vermochte.

Im Alter von neunzehn Jahren entschied „M" sich, in die Himalayas zu gehen. Zuerst reiste er per Bahn nach Madras und hielt sich für kurze Zeit bei der dortigen Theosophischen Gesellschaft auf. Dann nahm er einen Zug nach Delhi, von wo aus er weiter nach Hardwar reiste. Von dort aus wollte er zu Fuß weiterziehen.

Sein Bargeld war erschöpft. Doch hatte er nicht die Absicht, nach Hause zu schreiben und um Hilfe zu bitten oder zumindest seine Nächsten wissen zu lassen, wo er sich befand. Er war sich sicher, dass für ihn gesorgt sein würde, dass seine notwendigsten körperlichen Bedürfnisse durch die großen Mächte des Universums erfüllt würden, und er sollte

---

21 Feines Netz von den Körper durchziehenden Energiebahnen, durch welche sich die Lebensenergie *(Prāna)* verteilt.

recht behalten. Wenn er in seinem Vertrauen zeitweise auch gründlich geprüft wurde, wandte sich am Ende doch immer alles zum Guten. So bewältigte er zu Fuß die ganze Wegstrecke von Rishikesh nach Uttarkashi, Gangotri und Yamunotri, von Batwari über Budar Kedar nach Kedar und dann schließlich nach Badrinath.

In Rishikesh entschied er sich, seine Studien bei der Divine Life Society[22] fortzusetzen und dort zu meditieren. Rishikesh ist ein wunderschöner Ort für *Sādhakas*[23]. Unweit fließt der Ganges, und im *Āshram* wird Yoga gelehrt. Die älteren *Svāmis* waren eine große Unterstützung, und wenn man Zeit hatte, konnte man umherwandern und *Sādhus*[24] verschiedener Sekten treffen. *Satsang,* die Begegnung im gemeinsamen Geist, ist für einen *Sādhaka* sehr wichtig.

Bei Anbruch der Pilgersaison war „M" wieder unterwegs. Er wanderte erneut nach Badrinath – manchmal auf den üblichen Pilgerwegen, manchmal durch Wälder, wobei er in Pilgerunterkünften und Pilgerhütten am Wegesrand oder oftmals in Waldeinsiedeleien am Fluss nächtigte. Auf seinem Weg nach Badrinath besuchte er die Höhlen des Weisen Vashishtha und seiner Gattin Arundhati. Kurz: Er sammelte Nahrung für die Seele.

Nach einem mehrtägigen Fußmarsch in Badrinath angekommen, übernachtete er in einer einfachen Pilgerunterkunft. Es war ziemlich kalt, und die einfache Decke bot wenig Schutz vor der Kälte; doch ihm war nicht danach, Hilfe zu suchen. Es waren Tage, da das spirituelle Feuer in ihm so hell brannte, dass alles andere, sogar das Allernotwendigste – Essen, Bekleidung, Obdach – zu Belanglosigkeit dahinschmolz. In den majestätischen Himalayas hatte sich eine höchst berauschende, ekstatische Stimmung seiner bemächtigt. Er schrieb dies seiner intensiven Sādhanā[25] sowie der Gegenwart vieler geistig hochentwickelter Wesen in dieser

---

22 1936 von Svāmi Sarasvati gegründet.

23 *Sādhakas* folgen der Praxis eines inneren Weges *(Sādhanā).*

24 Asket, der sich allein Moksha (der ewigen Befreiung) verschrieben hat.

25 Praxis des inneren Weges.

Region zu. Er hoffte, einigen von ihnen zu begegnen.

Seine physischen Schwierigkeiten wurden durch die Ankunft eines *Brahmachārin*[26] gelöst, dem er bereits in der Divine Life Society begegnet war. Es handelte sich um einen erfahrenen und reisegewohnten Pilger. Er fand rasch eine eigene Unterkunft für „M" und überzeugte ihn, dort zu bleiben. Er sorgte auch für einige Decken und eine hölzerne Planke als Schlafplatz; mit dem Nepali Dharmashala vereinbarte er, für das Essen von „M" zu sorgen. Er stellte „M" Rawalji, dem Hauptpriester von Badrinath, vor und nahm ihn an den meisten Abenden mit auf eine Art geführte Erkundungsreise.

In Badrinath gab es, wie in anderen Pilgerorten auch, in Safrangelb gekleidete Bettler und andere, die solche heilige Kleidung trugen, um aufgrund des äußeren Anscheins überleben zu können, aber auch *Sādhus*, die Wassergefäße oder Decken voneinander stahlen.

Daneben gab es auch echte *Yogis* und Asketen, die sich äußerlich unerkennbar unter die Menschenmenge mischten und es vermieden, aufzufallen.

Da er sich wünschte, weiteren solcher Seelen zu begegnen, und nachdem er gehört hatte, dass manche von ihnen jenseits von Badrinath auf der anderen Seite des Narayan Parvat[27] lebten, beschloss „M" weiterzureisen. So zog er eines Morgens los, ohne jemanden zu informieren, mit Wassergefäß, Wanderstab und Decke.

Anlässlich eines früheren Besuchs in Badrinath hatte er bereits etwa einen Kilometer dieser Straße erkundet; doch die Gegend darüber hinaus war ihm unbekannt. Nach sechs oder sieben Kilometern ermüdenden Aufstiegs erreichte er den Keshav Prayag genannten Zusammenfluss von Saraswati und Alakananda. Unweit davon befand sich die Vyāsa Guha, von der ihm ein alter *Sannyāsin* berichtet hatte, dass es sich um die Höhle des

---

26 Spiritueller Schüler, der für eine gewisse Zeit Enthaltsamkeit gelobt hat.
27 Eine von zwei Bergketten, die Badrinath einrahmen.
28 Mythischer Seher und Autor der Veden und des *Mahābhārata*.

Weisen Vyāsa[28] handle.

„M" wanderte erst über die Vyāsa Guha hinaus, um andere Höhlen in der Nähe zu erkunden. Er war bereits eine ganze Weile in dem felsigen Gelände unterwegs, als er realisierte, dass schon bald die Dunkelheit hereinbrechen würde. Geplagt von Zweifeln, Angst und Hunger sowie enttäuscht darüber, dass er keine Mahātmās gefunden hatte, begann „M" in Richtung des Dorfes Mana zurückzugehen. Als er auf dem Weg an der Höhle Vyāsas vorbeikam, nahm er ein *Dhuni*[29] wahr, das den Eingang zur Höhle hell erleuchtete. Eine eigenartige Kraft schien seinen Schritt zu beschweren. Sein Herz floss von Glückseligkeit über und seine Füße wollten sich keinen Schritt von der Höhle entfernen. Er nahm dies als Zeichen und näherte sich der Höhle. Von innen rief ihn eine Stimme beim Namen: „Madhu!" Ein langhaariger, unbekleideter, hochgewachsener Mann klopfte ihm mit großer Zärtlichkeit auf die linke Schulter und hieß ihn, sich zu setzen. In diesem Augenblick erkannte er jenen Mann wieder, der ihm einst im Innenhof des elterlichen Hauses unter dem Jackfruchtbaum erschienen war. „M" hatte seinen Guru gefunden – seinen Vater, seine Mutter, alles in einem.

„M" wanderte dreieinhalb Jahre mit seinem Meister durch die Weiten der Himalayas. Schließlich wies ihn der Meister an, ins Flachland zurückzukehren, um dort ein normales Leben zu führen und dann mit dem Lehren zu beginnen, wenn er dazu aufgefordert würde. Der Meister versprach, mit ihm in Verbindung zu bleiben. Er hatte „M's" Denkweise von Grund auf neu ausgerichtet und einen bleibenden Wandel seines Bewusstseins herbeigeführt.[30]

Dem Rat des Meisters entsprechend, kehrte „M" ins Flachland zurück, traf dort viele spirituelle Lehrer und Gottesmänner. Er reiste durch ganz Indien, übernahm schwierige Jobs, um seinen Lebensunterhalt zu verdienen und die Welt, wie sein Meister ihn

---

29 Heiliges Feuer.

30 Die feinstofflichen Kanäle in der Wirbelsäule und im Hirn waren nun geöffnet und die schlafenden Energien aktiviert, womit die Verbindung zwischen Verstand und höherem Bewusstsein wiederhergestellt war.

angewiesen hatte, hautnah zu erleben. Für kurze Zeit führte er auch das Leben einer materialistisch orientierten Person und empfand, dass das Leben des weltlichen Mannes im Vergleich zu einem spirituellen Leben und dessen größerer Perspektive, armselig sei. Er sah deutlich, dass die Freuden des Geistes den materiellen Freuden um vieles überlegen sind und es in Wahrheit der weltlich orientierte Mensch ist, der auf das wirkliche, dem Herzen entspringende Glück verzichtet.

Alle diese Erfahrungen waren jedoch notwendig, um den weltlichen Weisen begegnen zu können, die ihm vorhalten würden: „Was weißt du schon vom Glück der sinnlichen Erfahrungen. Du kennst sie ja nicht!"

So konnte „M" mit Überzeugung antworten: „Freund, ich weiß darum, und es ist nichts daran, wofür es sich lohnt, den Verstand zu verlieren."

Ab und zu besuchte „M" die Vorträge von Jiddu Krishnamurti in Madras und anderswo, und er las die meisten seiner Schriften. Schließlich begegnete er ihm und entschied nach einem vierzigminütigen Gespräch, für einige Zeit bei der Krishnamurti Foundation zu verweilen. Sein Meister hatte ihm vorausgesagt, dass Krishnamurti der letzte der bedeutenden Menschen sein würde, die er als Teil seiner spirituellen Erziehung treffen sollte. Er hatte ihm auch nahegelegt, sehr genau auf alles zu achten, was Krishnamurti tat und wie die Organisation der Stiftung zu seinen Lebzeiten und danach funktionieren würde. „M" war mit Krishnamurti während dessen zwei letzten Lebensjahren in engem Kontakt. Er wurde zum Treuhänder der Krishnamurti Foundation berufen, legte dieses Amt aber nach fünf Jahren nieder.

Nach Krishnamurtis Tod heiratete „M" Sunanda, die er in Vasant Vihar, dem Hauptquartier der Krishnamurti Foundation, kennengelernt hatte. Er wurde zum Familienoberhaupt im traditionell indischen Sinne.

Niemand kann ihm also vorhalten: „Wie einfach ist es, Bruder, ein spirituelles Leben in dieser Welt zu propagieren, ohne selbst verheiratet zu sein", und was der billigen Sprüche mehr sind. „M" ist verheiratet und hat zwei mittlerweile erwachsene Kinder. „Tatsächlich ist dies die beste Wahl für diesen Abschnitt der irdischen Existenz, denn *Sannyāsa,* der Weg der Entsagung, ist nur für die wenigsten der Wenigen geeignet", sagt „M". Mit dem Segen seines Meisters aus den Himalayas und als Folge seiner strengen *Sādhanā* hat „M" die Grenzen aller Theorien und Gelehrtheit überschritten und ist in einem höheren Bewusstsein verwurzelt.

Der Meister hatte „M" angewiesen: „Gib keinem Menschen Ratschläge, die du nicht selbst befolgen kannst. Sprich nicht über etwas, wovon du keine persönliche Erfahrung hast." Welch wunderbare Unterweisung! Wie schön wäre diese Welt, wenn alle Lehrenden diesem Grundsatz folgen würden!

Ratnakar Sanadi

(Für eine detaillierte Beschreibung von Shrī M's Leben sei auf seine Autobiographie verwiesen: Sri M, *Lehrjahre bei einem Meister im Himalaya: Autobiografie des Yogis Sri M.*

Zu größerer Herrlichkeit und einem glücklicheren Leben

1. Die Öffnung

Ja, Gott existiert! Und wenn sich dies wie Unsinn für dich anhört, den Intellektuelle meiden und an den allenfalls Narren glauben (Gott segne sie!), sage ich: „Halte ein!"

Lasse dein Wesen nicht von intellektueller Arroganz zerstören. Denke sorgfältig nach, denn du bist wohl lediglich voreingenommen. Dabei ist der an Gott Glaubende ebenso voreingenommen wie der Atheist; denn beide bejahen oder verneinen, ohne die Thematik gebührend erkundet zu haben. Richtiger wäre wohl einzuräumen: „Lass es mich herausfinden." Wäre dies nicht die angemessenere Haltung, die sinnvollere Herangehensweise?

Ist denn diese wunderbar komplexe Welt durch Zufall zustande gekommen? Oder gibt es doch eine höchste Intelligenz hinter allen Ereignissen, so schwierig es für unsere schwächlichen Gehirne auch scheinen mag, deren Absichten und Beweggründe zu verstehen?

Denkst du andererseits, die durch deine Sinnesorgane erfahrbare Welt sei wirklich, stofflich und solide? Frage den Physiker. Er wird dir antworten: „Alles ist nichts als Schwingung; ob Partikel oder Ladungen in konstanter Bewegung oder Wellen unterschiedlicher Frequenzen in ständigem Fluss. Deine dreidimensionale Welt ist im wesentlichen eine Konstruktion deiner Sinne und deines Verstandes." Und du?

Du bist das Bewusstsein, das als Zeuge allen Dramen amüsiert zuschaut, das beobachtet, wie das Ego seine Spiele spielt, wie es jederzeit unterschiedliche Masken aufsetzt und sich schließlich mit den gespielten Rollen identifiziert. Das wirkliche Du ist das ewig glückselige, unwandelbare, gesegnete Bewusstsein.

Darum, tritt ein! Tritt ein durch die Tür, die sich zu dem Pfad hin öffnet, den Suchende seit Jahrtausenden beschreiten.

Wende dich nicht von dem grenzenlosen Ozean von Glück und Seligkeit ab. Er kennt kein Ende und ist zugleich das Ende des Weges. Einige nennen ihn „Gott", andere „Wahrheit" oder „Nichts", denn er lässt sich nicht mit Worten oder Gesten beschreiben.

Er ist kostbarer als alles, was dein Vorstellungsvermögen sich auszumalen vermag, und – ja – diese unschätzbare Perle ist nicht weit entfernt in einem unzugänglichen Teil der Welt oder in den dunkeln Eingeweiden der Erde versteckt. Sie ist dir näher als deine eigene Halsschlagader. Sie ist die höchste Glückseligkeit, welche die Weisen aller Zeiten sich einverleibten und die sie in Ekstase tanzen ließ. Sie ist dein eigenes Selbst!

Willst du an diesem kostbaren Schatz vorbeigehen und mit wertlosem Tand spielen? Es geht um das glückselige Wesen, das durch jedes Herz scheint und das die Menschen überall suchen, außer im eigenen Inneren. Wie der Moschushirsch, der den Moschus unter dem eigenen Schwanz trägt und im ganzen Wald nach der Quelle des Dufts sucht, unter dornigen Büschen und in gefährlichen Schlangengruben, so suchen Menschen endlos nach Glück, indem sie Genuss – die kurze Pause zwischen den Sorgen – mit der Wirklichkeit verwechseln.

Doch die höchste Glückseligkeit ist genau hier – so einfach und klar. Niemand braucht seinen Schädel zu rasieren, einen besonderen Kopfschmuck oder ockerfarbene Gewänder zu tragen oder von allem wegzulaufen, das ihm lieb ist. Nein! Du kannst in dieser Welt leben und deine Pflichten erfüllen, deinen Lebensunterhalt verdienen, dich um jene kümmern, die deiner Hilfe bedürfen, den Duft von Liebe und Dienst verbreiten, und dich doch daran erinnern, mit deinem wahren Selbst in Verbindung zu bleiben: mit dem Funken aus dem großen Feuer, dem

Tropfen aus dem großen Ozean, indem du regelmäßig meditierst, damit das Spiegelbild der Gottheit im fleckenlosen und klaren Spiegel deines Herzens glühe. Dann werden lichte Strahlen des Geistes aus deinem Herzen scheinen und andere Herzen mit Glückseligkeit füllen.

Erst wird Gott dir geben, was du dir wünschst, wenn du aus ganzem Herzen darum bittest, und dann wirst du entdecken, was du in Wirklichkeit brauchst, und danach suchen, und Er wird es dir mit Sicherheit gewähren. „Bittet, so wird euch gegeben; suchet, so werdet ihr finden; klopfet an, so wird euch aufgetan", sagte ein großer Meister.

Selbstverständlich wird der Meister deine Geduld prüfen. Deshalb, klopfe beharrlich an und warte geduldig. Dann wird dein Herz mit höchster Glückseligkeit erfüllt werden und du wirst zum Wohl der Menschheit wirken.

Sorgen und Mängel, die Belange dieser Welt, werden dir sicherlich bleiben, doch wer ist frei davon? Und du, Reisender auf dem Weg, sollst wissen, dass sie Lektionen für dich enthalten und dass der Weg nach jedem überwundenen Hindernis ebener und leichter wird. Und du wirst sie überwinden! Da gibt es keinen Zweifel!

So lasse nichts mehr zwischen dich und den überfließenden Kelch kommen; er ist so nah und gleichzeitig so fern. Leere den Kelch und erkläre: „Es gibt nur die eine, die glückselige Wahrheit. Nichts anderes existiert." Schreite entschieden voran auf dem Weg. Ängstige dich nicht. Furchtlosigkeit liegt nahe bei der „Wahrheit".

2. Der Weg

Gibt es einen Weg zur göttlichen Glückseligkeit? Gibt es nur einen Weg oder sind es viele? So wie es viele Menschen auf dieser Erde gibt, so gibt es auch viele Wege, denn es existieren weder eine Zauberformel noch ein esoterischer Ritus, die uns augenblicklich transformieren. Höchste Vollendung lässt sich weder vom Bücherregal kaufen noch durch Bestechung des *Gurus* oder Gottes erlangen. Solche Tricks mögen im Alltagsleben taugen. Sie lassen sich nicht auf das höchste Selbst anwenden. Wenn jemand Erlösung sofort und auf immer verspricht, ist Vorsicht geboten; er wird dich wohl hinters Licht führen. Wenn jemand garantiert, dich innerhalb einer bestimmten Frist zu höchster Glückseligkeit zu führen, sei auch hier auf der Hut. Kein Mensch vermag dies zu bewirken; nur Gott kann es.

So gibt es verschiedene Wege, je nach Art des Schülers, des *Gurus,* der speziellen Umstände und anderer äußerer wie innerer Voraussetzungen. Der eine Lehrer mag für eine bestimmte Art von Schülern genau der Richtige und für andere ungeeignet sein. Echte Lehrer sind sich dessen bewusst. Einmal innerhalb von tausend Jahren mag sich ein großer Meister manifestieren, der einen auf allen Wegen oder auf jedem einzelnen zu führen vermag. Das ist allerdings eine sehr seltene Erscheinung.

Es gibt jedoch gewisse essenzielle Voraussetzungen für die spirituelle Reise, und diese gelten für alle Wege:

a. Die Anwärter sind ernsthaft in ihrer Suche.

b. Sie haben zumindest in der Theorie verstanden, wonach sie suchen, oder – anders gesagt – sie wissen, was sie nicht suchen.

c. Sie sind bereit, ohne Vorurteile zu hören und zu lernen.

d. Sie sind bereit, gegen den Strom zu schwimmen.

e. Sie sind bereit, regelmäßig und gewissenhaft zu üben.

f. Sie sind geduldig.

Wenn ich von Ernsthaftigkeit spreche, meine ich, dass die Betreffenden nicht aus irgendwelchen Gründen vorgeben, religiöse Menschen zu sein. Sie sind bereit, die Wahrheit zu sagen und sie zu erlernen. Sie annoncieren ihre religiöse Neigung nicht, indem sie ihre Kleidung wechseln oder ihre Fähigkeit zum Verzicht überschätzen. Sie laufen nicht von irgendwo davon und distanzieren sich von ihrer Umgebung. Solche Handlungsweisen haben etwas Scheinheiliges; sie verwirren und verunsichern letztlich einen selbst und auch andere. Sicherlich: Der Welt Entsagende sind hoch entwickelte Wesen; doch wahrhaftige Entsagung ist selten und überdies kein Spaß.

Außerdem kann man in dieser Welt leben, ohne von ihr befleckt zu werden. Solche Menschen braucht es heute. Mögen sich solche Suchende vermehren! Mögen uns edle Gedanken von allen Seiten zufließen!

Nun, worum geht es den ernsthaft Suchenden? Was bewegt sie? Genügen ihnen die Sinnesfreuden nicht, wo sie doch von allen Annehmlichkeiten dieser Welt umgeben sind?

Indem sie in alle Richtungen um sich schauen, während sie noch immer ihre Rolle im Drama dieser Welt spielen, realisieren die bewusst unterscheidenden Suchenden, wie flüchtig die Freuden dieser Welt sind. Im irren Rennen um die Erfüllung seiner Begehrlichkeiten hält der Mensch nicht inne, um zu betrachten, wie Lust von Schmerz gefolgt ist und wie, was wir auch erreichen mögen, es uns noch immer mit einer Sehnsucht nach mehr zurücklässt, unendlich hungrig und durstig, in nie endender Begehrlichkeit, bis der Tod zuschlägt und alles zunichte macht, was uns so lieb war, und das Rennen mit radikaler Auslöschung beendet. Und der Tod ist nicht fern. Er lebt mit uns. Ist er nicht unser ständiger Begleiter? Wie schrecklich wäre es, wenn die Dinge kein Ende hätten und ewig dauerten? Indem der Tod das Alte zerstört, ist es möglich, dass Neues geboren wird, und dieser Kreislauf dauert ewig. In jeder Sekunde (oder jedem Sekundenbruchteil) stirbt die Gegenwart und wird zur Vergangenheit für die Geburt einer neuen Gegenwart. Auf diese Weise ist der Tod sehr wohl Teil des Lebens. Sterben wir nicht jeden Tag, in jeder Sekunde, wenn der gegenwärtige Augenblick in die Vergangenheit kippt und zum toten, nur noch im Gedächtnis bewahrten Ding wird?

Frage den Biologen, und er wird dir erklären, wie Millionen von Zellen jeden Tag, jede Minute durch neue ersetzt werden. Dennoch trifft der Tod, wenn er zuschlägt, den einzelnen unvorbereitet. Niemand weiß, wann er kommt, und wir Menschen ziehen es vor zu glauben, er sei weit entfernt.

Indem wir dies sorgfältig betrachten, beginnen wir uns zu fragen, wonach wir in Wirklichkeit suchen. Ich suche Vergnügen, und gleich erhebt die Sorge ihr hässliches Haupt. Ich erreiche, was ich mir wünsche, und sogleich taucht auch die Angst auf, es zu verlieren, dass jemand es mir nehmen könnte, dass ich es verliere, wenn ich sterbe. So sehe ich zum Beispiel den wundervollen Mond, und die Zeit, die große Diebin, schnappt ihn mir weg und ich bleibe zurück mit einem Bild, nach dem ich mich weiter verzehre, immer und immer wieder.

Ich baue, und die Natur zerstört es, weil sie ihre eigenen Baupläne hat. Der Palast von heute ist der wirre Trümmerhaufen von morgen. Wo ist die Dauerhaftigkeit, nach der ich suche? Wo ist das wirkliche Glück, die höchste Freude, die ich ersehne?

Da fragt der Meister: „Du erfährst Freude im Kontakt mit den Objekten dieser Welt. Doch die Freude wallt in deinem eigenen Herzen auf, oder etwa nicht?"

Findet die Freude im Objekt oder in dir statt? Jede Freude entspringt deinem Herzen, mein lieber Freund. Das Gefäß aller Freude, die Essenz aller Glückseligkeit, ist in deinem eigenen Herzen, im Kern deines Wesens.

Die Seher, die Mystiker und die Heiligen, sie alle haben den Weg gefunden, diese Quelle ewiger Freude im Inneren zu erschließen, ohne Zuflucht zu den äußeren Objekten zu nehmen.

Diese segensreiche Quelle ist dein wirkliches Selbst, dein wirkliches Wesen. Suche nach ihm mit der Hilfe deines Lehrers. In Wirklichkeit bist du „Es" selbst, und wenn du dies entdeckst, bekommst du eine Vorstellung, was das Höhere Selbst, die allmächtige Gottheit, ist.

Dieses dein „Selbst" ist immer frei, immer glückselig. Es ist und war nie gebunden; deshalb geht es nicht darum, es zu befreien. Es ist immer schon frei. Es manifestiert sich als das „Ich", das Bewusstsein, das ewig existiert: im Wachzustand, im Traum und im Tiefschlaf und als Zeuge aller Bewusstseinszustände. Es ist das wirkliche „Du", das gesegnete, glückselige „Selbst". Wenn sich der Verstand das Ich von ihm entleiht, empfindet er sich fälschlicherweise als gebunden und versucht, sich zu befreien.

Du bist ewig frei. Du bist Sein-Bewusstsein-Glückseligkeit (*Sat Chit Ānanda*), unberührt von allem Geschehen in der relativen Welt. Du bist frei. Schüttele die Illusion der Gebundenheit ab und erfreue dich absoluter Freiheit und Glückseligkeit.

Du brauchst nichts zu tun, um frei zu sein, denn du bist bereits frei. Entspanne dich und setze dich hin, um diese Wahrheit zu kontemplieren, bis dein Verstand zur Ruhe findet, bis die falsche Bewegtheit ständigen Werdens endet, dein „Selbst" in aller Herrlichkeit strahlt und die majestätische Größe des höheren „Selbst" reflektiert – Gott.

Doch leider beruhigt sich der Verstand nicht so leicht. Deshalb zeige ich dir eine einfache, durch die alten Seher entdeckte Technik. Du brauchst nicht in irgendwelche Höhlen zu entfliehen, um sie auszuüben zu können. Übe sie in deinen eigenen vier Wänden, inmitten deines täglichen Lebens. Übe dreimal täglich oder zumindest einmal.

Denke daran! Es gibt keine Technik zum Erreichen der „Wahrheit", denn du selbst bist die „Wahrheit". Techniken sind da, um den Verstand zur Ruhe zu bringen, damit er die Wahrheit erkennt, dass der Verstand das „Selbst" nicht erreichen kann und vollkommen zur Ruhe kommen muss, damit allein das „Selbst" – das ewig-glückselige „Selbst" – erstrahlt.

Und jetzt beginne gleich zu üben und sei frei. Warte nicht, weil jede Sekunde, die du durch Hinausschieben verlierst, tatsächlich ein großer Verlust ist.

3. *Abhyāsa* – Die Übung

Finde eine ruhige Ecke, wo du dich in Ruhe und ungestört für mindestens zehn Minuten täglich hinsetzen kannst; noch besser zweimal, je bei Sonnenaufgang und Sonnenuntergang. Sorge für gute Luft, einen frischen, zarten Windhauch. Hast du deinen Platz einmal gewählt, so bleibe dabei und vermeide, ihn häufig zu wechseln.

Dies ist günstig, weil sich die förderlichen Schwingungen des Übungsplatzes von Tag zu Tag weiter aufbauen, bis sie deinen Zustand von dem Augenblick an, da du dich niederlässt, beeinflussen.

Deshalb widmen viele Meditierende der Meditation einen eigenen kleinen Raum oder Schrein. Natürlich ist dies die optimale Lösung, doch kannst du dir auch eine ruhige Ecke einrichten, welche die entsprechenden Voraussetzungen bietet. Sogar dein Bett ist eine Möglichkeit. Doch sei gewarnt, denn da das Bett zum Schlafen gedacht ist, vermag dich die subtile Energie des Schlafes zu überwältigen, sobald dein Verstand sich beruhigt, und du wirst unversehens einschlafen. Dies ist die Erfahrung vieler Meditierender, mit Ausnahme jener Fortgeschrittenen, die auch inmitten des Marktes meditieren können.

Es ist empfehlenswert, einen Satz sauberer, weit geschnittener und bequemer Kleidungsstücke ausschließlich für die Meditation zu reservieren.

Auch wenn diese Instruktionen ideale Verhältnisse beschreiben, brauchst du dich nicht allzu sehr um die Details zu sorgen, sofern du dich an einem ruhigen Ort, in einem Haus oder draußen, ungestört niederlassen und deine Meditation üben kannst.

Wasche dir Gesicht, Arme und Füße, bevor du dich in einer bequemen Haltung auf deinen Sitz niederlässt. Du brauchst dich nicht nach einer bestimmten Himmelsrichtung auszurichten; doch ist es gut, die einmal gewählte Ausrichtung beizubehalten.

Danke Gott als Erstes für Nahrung und Obdach, die dir gewährt sind. Wenn dein Fenster sich zu einem Fluss, einem See oder Wald oder einem lieblichen Garten hin öffnet, wirf danach einen Blick darauf und betrachte die Schönheit der Natur. Nimm einige tiefe Atemzüge, und fülle deine Lungen mit der Schönheit und Vitalität der Natur.

Lasse dann deine Liebe zu der gesamten Schöpfung hin ausstrahlen und ganz besonders zu jenen, die angeblich deine Feinde sind. Stelle dir vor, wie du dein Wesen bei jedem Einatmen mit Liebe anfüllst und diese beim Ausatmen mit anderen teilst.

Wenn du magst, kannst du vor der eigentlichen Meditation deine gewohnten Gebete und Rituale ausführen. Hindus können das *Sandhyāvandana*[31] praktizieren oder einfach einige Male das *Gāyatrī-Mantra*[32] wiederholen. Muslime mögen ihr *Namaz,* eine ausgezeichnete spirituelle Übung, praktizieren. Christen können ihre Gebete beten, insbesondere das *Vaterunser,* das Jesus seine Jüngern

31 Wörtlich: „Ehrerbietung zur Dämmerung" (morgens und abends).

gelehrt hat. Die Buddhisten können *Om mani padme hum*[33] rezitieren, die Sikhs ihr *Satnam*[34], und so weiter.

Danach wähle eine bequeme, entspannte und doch gut verankerte Sitzhaltung; den Schneidersitz oder idealerweise, wenn du beweglich genug bist, den Lotossitz. Wie Muslime mit geneigtem Kopf und auf die obere Brust abgestütztem Kinn auf den Fersen zu sitzen, ist auch eine Möglichkeit. Wichtig ist, die Wirbelsäule aufrecht zu halten, ohne dich zu verspannen oder Schmerzen zu erleiden.

Wer sich in keiner dieser Sitzhaltungen wohlfühlt, kann auch auf einem Kissen oder Stuhl sitzen. Es ist nicht sinnvoll, sich ohne entsprechende Übung in eine schwierige Haltung zu zwingen. Schmerz wird den Geist ablenken und zerstreuen, sodass er sich der Beschäftigung mit höheren Dingen widersetzen wird. Deshalb, mache es dir bequem, doch nicht so bequem, dass du darüber einschläfst.

Atme einige Male tief und bewusst. Entspanne dich! Denn Konzentration und Meditation gelingen in Entspanntheit und nicht unter Druck. Dann beginne, eines der bekannten *Mantras* zu wiederholen, vielleicht eines, das du bereits kennst. *Om Namah Shivāya* ist gut, auch *Om Shrī Ram Jai Ram* oder *Hare Krishna* oder einfach *Hu* oder *Om*. Es sollte prägnant, nicht lang oder sperrig sein. Wenn du möchtest, gebe ich dir hier das *Mantra So Ham*, das „Ich bin Das"[35] bedeutet.

Dabei ist es wichtig, deine Atmung mit der Wiederholung des *Mantras* zu verbinden. Rezitiere es nicht hörbar, sondern mental. Mit dem Einatmen verbinde das „*So*" und mit dem Ausatmen das „*Ham*". Wiederhole diesen Zyklus des Ein- und Ausatmens neunmal.

Und jetzt – das ist sehr wichtig – höre auf, den Atem bewusst zu kontrollieren. Erlaube dem Ein- und Ausatmen, einfach dem eigenen

---

32 Das *Gāyatrī-Mantra* richtet sich an das göttliche Licht, welches alles durchstrahlt; es gilt als Essenz der Veden und heiligstes *Mantra*.

33 „Das Juwel im Lotos".

34 Das *Mantra* des wahren Selbst.

35 "Ich bin weder Körper noch Geist. Ich bin das unsterbliche Selbst.

Rhythmus zu folgen. Nimm in Ruhe diesen Puls des Atems wahr und fahre fort, das „*So Ham*" mental mit jedem Atemzyklus zu wiederholen.

Dann richte deinen mentalen Blick auf einen Ort direkt unter dem physischen Herzen oder auf den Punkt zwischen den Augenbrauen. Zwicke dich ganz sachte am gewählten Ort, um die Aufmerksamkeit dort zu fokussieren. Visualisiere dort eine silberne Flamme, kühl und strahlend wie der Mond, die im Zentrum deiner Aufmerksamkeit leuchtet – oder eine liebliche Rose, einen Lotos oder einen Stern. Aber bleibe beim einmal gewählten Bild und Ort. Ich persönlich würde einen blühenden, strahlenden Lotos im Herzzentrum vorschlagen, doch bleibt die Wahl dir überlassen.

Indem du deinen Atem ruhig beobachtest und dazu „*So Ham*" wiederholst, wirst du feststellen, wie sich dein Atemrhythmus spürbar beruhigt und eine Wahrnehmung von Frieden und Ruhe aufsteigt, die schließlich dein ganzes Wesen umhüllt. In diesem Stadium hast du oft das Bedürfnis, einen tiefen Seufzer zu machen. Dies ist ein Zeichen dafür, dass deine Psyche beginnt sich zu entspannen und zur Ruhe zu kommen.

Die großen *Rishis*[36] entdeckten dieses Geheimnis des *Prānāyāma*[37], wonach ein verlangsamter Atemrhythmus mit einer Beruhigung des Geistes einhergeht, während ein schnelles Atemmuster ein Zeichen von Spannung und Unruhe ist. Du kannst dies selbst nachvollziehen, indem du den Zusammenhang von Atem und Geist unter verschiedenen Bedingungen beobachtest. Dies ist das wahre *Prānāyāma* im Gegensatz zu dem erzwungenen Anhalten des Atems, das im Extremfall zu inneren Blutungen oder Schlimmerem führen kann.

Wenn du deinen Atem ruhig beobachtest und das Atemmuster so langsam und weich wird, dass du es kaum noch wahrnimmst, kannst du auch die Beobachtung des Atems einstellen und deine Aufmerksamkeit einzig auf den in deinem Herzen blühenden Lotos richten. Lasse auch das „*So Ham*" zurück. Sitze einfach, nimm die glückselige Gegenwart des

---

36 Seher.

37 Yogische Übung zur Zusammenführung von Geist und Körper.

Einen wahr, das die Glückseligkeit selbst ist und dein Herz mit dem Nektar von Freude erfüllt. Du selbst bist diese Freude.

Wenn du täglich übst (mit der Unterstützung des Meisters, die sicherlich gegeben ist), wirst du in subtilere Räume von Bewusstsein und Glück eintreten. Du wirst Lichter sehen, himmlische Musik hören und Zeuge von Wundern sein, doch verweile nicht dabei. Dies sind lediglich Wegmarken und manchmal auch Versuchungen. Gehe einfach ruhig voran, bis du direkt jener „Präsenz" begegnest, die in dir und nicht weit entfernt ist.

Es kann sein, dass deine Atmung gelegentlich kurz aussetzt. Dies ist *Kevala Kumbhaka;* doch es gibt einen radikaleren *Kevala Kumbhaka,* der alle Gedankentätigkeit zum Stillstand bringt. Kein Gedanke kommt mehr herein oder geht hinaus. Es gibt nur noch den „Einen Reinen Zeugen", unberührtes *Satchidānanda*[38], der das Geschehen wahrnimmt.

Natürlich werden zu Beginn Gedanken auftauchen, oftmals in Form von Sturzbächen; doch sorge dich nicht. Versuche nicht, sie loszuwerden. Schau ihnen ruhig zu wie einem störrischen Kind, und sie werden sich beruhigen und verschwinden.

Gedanken sind wie ein Kräuseln, das die unbewegte Oberfläche des Bewusstseins aufrührt und deren Spiegelung verzerrt. Verschwinden die Gedanken, so glättet sich die Oberfläche und das unverzerrte Spiegelbild des „Heiligen" blitzt auf, wenn auch nur kurz.

Es ist wichtig zu erkennen, dass du in Wirklichkeit das eine, freie, strahlende, glückselige Wesen bist, und still sitzen zu bleiben. Alles andere ist unwichtig, und nichts mehr vermag dich auf irgendeine Weise zu behelligen. „Meditiere und entdecke dies", sagten die *Rishis* von einst.

Wenn du von deinen täglichen Meditationen aufstehst, bedanke dich bei allem und allen in tiefer Demut.

4. Nutzen

---

38 Sat (Sein), Chit (Bewusstsein), Ānanda (Glückseligkeit).

Was bringt uns die Übung der oben eingeführten Techniken?

Schon bald wirst du eine neue Leichtigkeit von Körper und Geist erfahren. Du wirst weniger angespannt, weniger aufgeregt und in der Bewältigung des täglichen Lebens effizienter sein. Die moderne Medizin hat erkannt, dass viele physische Leiden ihre Wurzeln in mentalem Stress haben. Dank des entspannten Bewusstseinszustands, den du täglich hervorzurufen vermagst, bleiben diese dir erspart. Da ein entspannter Geist klarer und ohne Verwirrtheit zu denken vermag, wirst du sehen, wie deine Gedankenprozesse effizienter werden.

Natürlich werden Schmutz und Unrat, die du in der Vergangenheit angesammelt hast, gelegentlich an die Oberfläche kommen. Doch sorge dich nicht. Auf diese Weise verabschieden sie sich und du wirst davon befreit.

Nach und nach wirst du die Erfahrung einer uneigennützigen Liebe und des Mitgefühls kennenlernen. Von den unteren Energiezentren wird das Entzücken zum Herzzentrum und darüber hinaus aufsteigen, und wann immer du äußerer Schönheit begegnest, sei es in Form einer leuchtenden Blume, eines glühenden Berggipfels oder eines alten Baumriesen, wird dein Herz von göttlicher Seligkeit verzückt.

Doch alle diese Aspekte sind sozusagen Nebenwirkungen. Das wirkliche Ziel ist damit noch nicht erreicht. Verwechsle die Technik nicht mit dem Ziel. Meditiere weiter und immer tiefer, bis das Bewusstsein völlig entblößt ist und du dein eigenes geliebtes „Selbst" findest: das strahlende, unbefleckte, unzerstörbare, reine Bewusstsein – ungetrübte Glückseligkeit. Möge der Meister dich bei diesem größten aller Abenteuer führen.

5. Weitere Hilfen

Reicht es aus, lediglich zu meditieren, zweimal täglich oder fünfmal am Tag?

Nicht wirklich. Seit Urzeiten haben die Weisen und Propheten dargelegt, was man als Verhaltensregeln eines spirituellen Menschen bezeichnen könnte. Während man auf Rituale und Zeremonien verzichten kann, wenn sie als unnötig oder beschwerlich empfunden werden, sollte man diese Verhaltensregeln sorgfältig studieren und so genau wie möglich befolgen, denn ihre Ausübung fördert die Fähigkeit zu meditieren.

Hier folgen die *Yamas und Niyamas* – was zu tun und was zu lassen ist –, wie sie für alle Suchenden über alle religiösen Grenzen hinweg gelten:

Stehle nicht.

Töte nicht.

Lüge nicht.

Übe keine Gewalt.

Halte die eheliche Treue.

Verfalle nicht Rauschmitteln.

Halte Maß mit dem Essen.

Bete oder meditiere täglich, wenn möglich zweimal am Tag.

Behandle deine Eltern und Lehrer mit Respekt.

Führe ein einfaches Leben.

Diene anderen Menschen.

Du wirst sehen, dass alle diese Verhaltensmaßregeln, wenn du sie praktizierst, dich mit Sicherheit zu Frieden und Ruhe führen. Wenn du stiehlst, bleibt dir immer die Befürchtung, früher oder später erwischt zu werden. Wie kann ein solcher Geist ruhig und meditativ werden?

Wenn du tötest, weißt du, dass du mit großer Wahrscheinlichkeit einen ebensolchen Tod erleiden wirst. Die ganze Kultur von Gewalttätigkeit, wo Feinde einander töten, ist einfach das Symptom einer tief im Innern jedes Individuums wurzelnden Krankheit. Der Impuls zur Gewalttätigkeit ist allen Lebewesen als Überlebensinstinkt eingeboren; doch wir Menschen vermögen einzuhalten und über die Tatsache zu reflektieren, dass alle Freude und Erfüllung nur im eigenen Herzen zu finden ist und nicht außerhalb. Das gleiche glückselige Selbst, das in dir ist, lebt auch in mir, und wir brauchen lediglich zu meditieren und in Frieden zu leben, um uns mit ihm zu verbinden.

Wenn du einmal lügst, wirst du wahrscheinlich wieder und wieder lügen müssen, um die ursprüngliche Lüge zu schützen, und so geht es weiter in einem Teufelskreis. Bald wirst du ein Lügengewebe gesponnen haben, dessen Zerreißen du befürchten musst, und weitere Lügen werden dazu gewoben, um dies zu verhindern. Schließlich wirst du sogar deinen eigenen Lügen glauben.

Wie können Menschen so zu innerer Ruhe kommen? Wirf deshalb all diese Dinge über Bord und führe ein einfaches, wahrhaftiges Leben voller Frieden und Ruhe. Kleine Unannehmlichkeiten, die du dabei erleben magst, sind nichts im Vergleich zu dem, was du dabei gewinnen wirst.

Was die eheliche Untreue angeht, so bedeutet spiritueller Fortschritt, dass der Geist zu immer subtileren und höheren Bewusstseinszuständen aufsteigt. Hunger und Sex gehören dabei zu den gröbsten Hindernissen. Es sind dies absolut legitime Bedürfnisse jedes menschlichen Wesens. Doch widmen wir dem letzteren zu viel Aufmerksamkeit, weil Sex den höchsten uns normalerweise vorstellbaren Genuss verspricht und uns sogar für einen Sekundenbruchteil in den Zustand des Selbstvergessens zu führen vermag.

Wenn wir uns subtileren Sphären nähern, sollte sich das Bewusstsein jedoch von den tieferen Zentren sexueller Befriedigung zu höheren Zentren spiritueller Befriedigung verschieben. Dies ist unmöglich, solange unsere Aufmerksamkeit ständig um sexbezogene Aktivitäten kreist; deshalb dieser Nachdruck auf Mäßigung der sexuellen Abhängigkeit. Sich im Namen der Freiheit in der Sexualität zu verlieren und sich dabei dem Risiko von Geschlechtskrankheiten, AIDS oder anderen physischen und mentalen Krankheiten auszusetzen, kann nicht erstrebenswert sein. Auf dem Weg geht es darum, die Obsession durch Transformation der sexuellen Energie in feinere Gefühle umzuwandeln, die das Bewusstsein in subtilere und höhere Zustände des Seins führen werden. In den höheren Zentren, wie dem Herzzentrum, findet sich ein Glücksgefühl, das den sexuellen Genuss um ein Tausendfaches übersteigt. Deshalb braucht der fortgeschrittene Yogi keine sexuelle Lust im üblichen Sinne.

Mit dem Sex eng verbunden ist die Frage des Essens. Gelegentliches Fasten ist die beste Art, einen eigensinnigen Geist zu beruhigen. Der Yogi als Praktizierender spiritueller Übungen muss alle Aktivitäten mäßigen, um auf seinem Weg voranzukommen. Merke dir „Mäßigung" als Leitgedanke!

Die *Gītā*[39] sagt es kurz und prägnant: „*Yoga* ist nicht für diejenigen, die zu viel oder zu wenig essen, die zu viel oder zu wenig schlafen." Das sagt alles. Es trifft zu, dass vegetarisches Essen dem Meditieren, speziell zu Beginn, förderlich ist. Ebenso wahr ist, dass man vegetarisches Essen so reichhaltig und würzig zubereiten kann, dass es träge macht – ein klares Hindernis auf dem Weg zu feineren meditativen Zuständen. Manche überessen sich und behaupten, das sei in Ordnung, solange es sich um vegetarisches Essen handle. Essen im Übermaß ist mit Sicherheit ein *tamasisches*[40] Verhalten und nicht *sattvisch*[41].

Verbohre dich jedoch nicht in die Frage, was du isst und was nicht – etwas, das Svāmi Vivekānanda als die „Religion der Küche" bezeichnete. Iss, was nahrhaft ist und was dein Körper braucht. Hole, wenn nötig, medizinischen Rat, aber iss mäßig. Wenn du jemanden etwas essen siehst, das dir nicht zusagt, gehe nicht davon aus, dass es sich um eine unwissende oder spirituell unterentwickelte Person handelt. Erinnere dich daran, dass Svāmi Vivekānanda Fleisch aß und der große Heilige Shrī Rāmakrishna Fisch liebte. Natürlich heißt das nicht, dass du jetzt Fleisch oder Fisch essen sollst, weil sie es taten. Folge einfach deinem gesunden Menschenverstand.

Vegetarismus allein, losgelöst von anderen Faktoren, macht noch keinen Heiligen aus. Hitler war konsequenter Vegetarier. Er aß nicht einmal Eier, doch war er ein Heiliger? Wie viele Tausende von Juden

---

39 Gemeint ist die *Bhagavad-Gītā* „Der Gesang des Erhabenen", eine der zentralen Schriften des Hinduismus.

40 *Tamasische* Lebensmittel machen Geist und Körper müde.

41 *Sattvische* Lebensmittel bauen den Körper auf und bringen Klarheit, Freude und Lebensenergie.

sandte er in die Gaskammern!

Was die Rauschmittel angeht, braucht man nicht besonders intelligent zu sein, um zu verstehen, dass es ratsam ist, sich davon fernzuhalten. Alles, was uns aus dem Gleichgewicht bringt und den Sinn für Verhältnismäßigkeit sowie die Urteilsfähigkeit verlieren lässt, sollten wir hinter uns lassen.

Dein Verstand ist ein sehr kostbares Werkzeug, und jedes Rauschmittel vermag ihn nach und nach zu zerstören, abgesehen von anderen körperlichen Schäden und dem Fluch des Alkoholismus und anderer Süchte. Der gewohnheitsmäßige Trinker oder Drogenkonsument neigt dazu, seine Fähigkeiten zu überschätzen, und begeht Fehler. Viele Verkehrsunfälle sind das Resultat von Trunkenheit am Steuer. Das durch Alkohol und Drogen erzeugte Gefühl von Euphorie und Selbstgefälligkeit mündet oft in Depression. Frage den Süchtigen, wie grauenvoll er den Kater oder kalten Entzug erfährt und trotzdem sein nächstes High ersehnt. Sucht ist Sklaverei, mental und physisch, sei es die Sucht nach Alkohol oder Drogen.

„Nun gut", mögen einige sagen, „sollen wir also alles, was uns Vergnügen bereitet, aus dem Leben verbannen? Wie sollen wir die Sorgen und Nöte dieser Welt vergessen, wenn wir uns nicht gelegentlich betäuben? So werden wir frustrierter und gewaltbereiter. Ist dies doch der einzige Zustand veränderten Bewusstseins, den wir kennen."

Halte ein! Es geht nicht um Verzicht! Du sollst nicht jede Freude aus deinem Leben verbannen. Hingegen wirst du mindere und kurzlebigere Freuden gegen jene Quelle von Freude eintauschen, die deinem Herzen entspringt. Sobald diese zu fließen beginnt, wirst du dich nicht länger beklagen.

Es gibt einen besseren Ersatz, eine bessere Abhängigkeit: das wunderbare Elixier, den Namen Gottes zu singen, für Ihn, in Ihm, über Ihn, der Liebe zu Ihm entströmend, durch das Spiel der Musikinstrumente und den Tanz vor Ihm. O wie süß klingen die liebesgetränkten Lieder von

Mīra[42], wie himmlisch die Klänge ihrer *Tanpura*[43]. Singe und tanze nach Herzenslust. Überlass dich der hingebungsvollen Musik und lass dich von ihr in höhere Bewusstseinszustände tragen. Hast du erst vom köstlichen Wein der Hingabe gekostet, wird es dich niemals mehr nach geringeren Rauschmitteln verlangen.

Doch lass mich eine Warnung hinzufügen: Die Musik muss rein sein, voller Hingabe. Sie darf nicht zu billiger Unterhaltung degenerieren. Auch die Musik ist lediglich Mittel zum Zweck. Vergiss nicht das Ziel: die Vereinigung mit dem (oder der) göttlichen Geliebten oder, anders ausgedrückt, „das Durchsieben des gemahlenen Erzes zum Herauswaschen des reinen Goldes".

Und nun zur Frage des Dienens. Niemand kann vierundzwanzig Stunden am Tag meditieren oder sich spirituellen Dingen widmen. Es mag zwar Ausnahmen geben, doch reden wir über die Situation des normalen Menschen. Finde deshalb eine Zeit, da du weder mit dem Verdienen deines Lebensunterhalts noch mit dem Gebet beschäftigt bist, um zum Wohl deiner Mitmenschen beizutragen, was immer dir möglich ist.

Diese lebendigen Götter sind die einzigen, die du mit deinen physischen Augen sehen kannst. Diene ihnen und vergiss dabei nicht, ihnen für die Gelegenheit zu danken, deine spirituelle Entwicklung durch den Dienst fördern zu dürfen. Du bist es, der ihnen gegenüber Dank empfinden soll, nicht umgekehrt. Speise nur einmal einen hungrigen Menschen und erfahre, wenn du dich an diesem Tag zum Meditieren hinsetzt, um wie viel leichter die Verbindung mit dem Göttlichen gelingt.

Kürzlich wurde ich gefragt: „Sir, dürfen wir erst mit dem Meditieren beginnen, wenn wir all diese sittlichen Gebote perfekt praktizieren?"

Dies, mein Herr, ist nahezu unmöglich. Noch hat es keine und keiner zu moralischer Vollkommenheit gebracht, bevor sie zu meditieren

---

42 Mīra Bai, Prinzessin aus dem 16. Jahrhundert, die sich als Geliebte Krishnas betrachtete. Mīra gilt als geistliche Liebesdichterin und prägte damit einen Bereich der Krishna-Mystik.

43 Tanpura, auch Tanbura, ist ein gezupftes Langhals-Lauteninstrument, das in der indischen Musik als begleitendes Bordun verwendet wird.

begonnen haben. Meditation und die Praxis der sittlichen Gebote ergänzen sich gegenseitig. Beginne heute zu meditieren. Schiebe es nicht hinaus. Hand in Hand damit, versuche den *Yamas und Niyamas* nach deinen besten Möglichkeiten zu folgen.

Indem du in der Meditation fortschreitest, wird dein Handeln moralisch zunehmend glaubwürdiger, und dadurch wird sich dein Fortschritt in der Meditation immer weiter entfalten. Das wird so weiter gehen, bis du dein endliches Ziel erreicht hast. Bis dahin wirst du weiterhin deinen Anfechtungen ausgeliefert sein. Sorge dich nicht darum! Erst wenn wir vollständig verstanden haben, dass alles Existierende letztlich das „Selbst" ist, wird alle Ichbezogenheit vollständig ausgelöscht sein. Entspringt denn nicht alle Sittenlosigkeit der Ichbezogenheit? Je näher du dem glückseligen Selbst kommst, desto weniger wirst du geneigt sein, dich unmoralisch zu verhalten. Bis dahin, tue dein Bestes! Überwinde den Hass durch die Liebe!

6. Die Liebenden

Während diese Anweisungen für die meisten Menschen gelten, gibt es eine Ausnahme: die wahren *Bhaktas*[44], die Liebenden. Sie sind in einer stürmischen Liebesgeschichte mit Gott gefangen, dem ewigen Geliebten, und für diese glücklichen Seelen gelten keinerlei Regeln und Gebote.

Meditation, Diät, religiöse Vorschriften, Gebräuche und Umgangsformen, Pflichten und Verantwortungen, sie alle gelten nicht für diese Menschen. Sie schlagen sämtliche Meinungen der ganzen Welt in den Wind und verzehren sich nach Gott. Die Trennung vom Geliebten ist ihnen unerträglich und sie verlieren vor lauter Sehnsucht den Verstand. Sie vermögen nichts anderes zu empfinden. Und wenn der Göttliche schließlich erscheint, verneigen sie sich nicht vor ihm. Beide, Liebende und göttlicher Geliebter, werden innig umschlungen in göttlicher Liebe verschmelzen, bis sie nicht mehr von einander zu unterscheiden sind.

Auch hier ein Wort der Warnung: Versuche nicht, die Bhaktas zu imitieren. Und hüte dich auch vor Nachahmern. Das untrügliche Zeichen der wahren Liebenden ist die Abwesenheit von jeglicher Ichbezogenheit. Wenn jemand vorgibt, solch ein Liebender zu sein, und du auch nur einen

---

44 *Bhakti-Yoga* ist die Bezeichnung für den Weg der liebenden Hingabe an Gott.

Hauch von Ichbezogenheit bei ihm wahrnimmst, so halte dich fern von ihm.

Wahrhaft Liebende Gottes sind selten; und wo immer sie auftreten, umgibt sie eine Flut spiritueller Energie, und viele werden davon gefördert. Doch weigern sich die meisten dieser Liebenden, als Lehrer oder Führer zu wirken, da sie die meiste Zeit in ihrer eigenen Welt göttlicher Liebe aufgehen.

Einige von ihnen bringen, nachdem sie die stürmische Phase durchlebt und das Höchste erreicht haben, ihren Fokus im Auftrag des höchsten Seins zurück ins alltägliche Bewusstsein, um uns andere zu lehren. Solche Lehrer sind gewiss die Größten und ihre Schüler können sich glücklich schätzen.

Doch einmal mehr muss ich dich warnen. Es gibt immer auch unausgeglichene Persönlichkeiten und Verrückte, die sich wie *Bhaktas* benehmen. So nimm dich in Acht. Die Abwesenheit von Weisheit sowie Zeichen von Ichbezogenheit und Gier sind sichere Merkmale vorgetäuschter *Bhaktas* und Verrückter.

Der *Rishi,* der *Jñāna-Yogi*[45] und der *Rāja-Yogi*[46] sind von anderer Art. Sie sind still, gefasst und ruhig, und oftmals lehren sie, ohne ein einziges Wort auszusprechen. Aus der Stille leiten sie und übertragen die Energie, welche dein Herz und den Durchgang für den Aufstieg der göttlichen Kraft reinigt: die Essenz göttlicher Glückseligkeit.

7. Der Meister

Wenn die Zeit reif ist, kommt der Meister. Du brauchst ihn nicht in den Himalayas zu suchen. Vielleicht wohnt er gleich nebenan und du kennst ihn nicht. Deine Unwissenheit und Arroganz lassen ihn unentdeckt bleiben.

Bist du ein ernsthaft Suchender und ist die Entdeckung deines geliebten Selbst dein einziges Lebensziel, meditierst du regelmäßig und bittest um Führung, dann wird sich dir der Meister – wenn es sein soll – offenbaren.

---

45 *Jñāna-Yoga: Yoga* der Erkenntnis.
46 *Rāja-Yoga:* Das zur Ruhe bringen der Gedankenwellen im Geist (nach Patañjali).

Mag sein, dass du ihn erkennst oder auch nicht: Er wird dich schweigend führen. Der wirkliche Meister ist der Höchste selbst, der verschiedene Formen annimmt, um seine Verehrer zu leiten.

Prüfe den Meister gut, bevor du ihn erwählst. Weist er auch nur die geringste Spur von Gier oder Ichbezogenheit auf, so ist er nicht Ausdruck des Höchsten. Prüfe ihn gründlich, doch habe Geduld. Urteile nicht übereilt, denn die Handlungsweisen des Meisters sind schon oft missverstanden worden. Seine Wege sind wundersam. Urteile nicht, ohne die Motive seines Handelns ergründet zu haben.

Hast du dich nach sorgfältiger Überlegung einmal für ihn entschieden, begegne ihm mit größtem Respekt und bitte ihn, dich als Schüler anzunehmen. Du darfst dich glücklich schätzen, wenn er es tut, denn ein wahrer Meister ist nicht darauf aus, eine Schülerschaft von Hunderten zu sammeln. Selten akzeptiert er die Rolle des *Gurus*.

Da du dich auf eine Reise in ein weitgehend unkartiertes Territorium begibst, ist ein Führer in fast allen Fällen notwendig. Du magst hie und da auf weit fortgeschrittene spirituelle Wesen treffen, die anscheinend keinen Führer hatten. Dies sind Ausnahmen, und wenn sie keinen Führer in menschlicher Gestalt hatten, so verstehe, dass Gott selbst sie führt und sich um ihre Bedürfnisse kümmert.

Ahme sie nicht nach, denn sie gehören einer speziellen Kategorie an. Ahme nicht einmal deinen eigenen Lehrer nach, denn du bist nicht er. Folge einfach seinen Lehren und Anweisungen. So wirst du zum Meister eigener Art statt zu einer schwächlichen Imitation, zu einem kläglichen Schatten des Originals.

Ein Meister mag jung, alt, männlich, weiblich, hell- oder dunkelhäutig sein. Das Äußere ist bedeutungslos. Worauf es allein ankommt, ist sein spiritueller Entwicklungsstand. Sofern er sich dazu entscheidet, wird er dir helfen, dein Herz von allen angesammelten *Vāsanās*[47] zu erlösen und dich zu befreien.

Möge dich ein solcher Meister leiten!

---

47 Denk- und Verhaltensmuster.

So sprach der Meister

Obwohl „M" während seiner ausgedehnten Wanderjahre als spirituell Suchender vielen Heiligen und Weisen begegnete, die ihn auf ihre Weise förderten, hat er bei allem Respekt niemals einen von ihnen als seinen *Guru* betrachtet. Er wusste, dass er keinen anderen *Guru* haben würde als jenen Meister (wie „M" ihn nannte), der ihm in seiner Kindheit erschienen war und der ihm damals versprochen hatte, sein spiritueller Mentor zu sein. „M" machte sich jedoch nicht zielbewusst auf die Suche nach ihm, sondern vertraute darauf, dass der Meister ihm zur richtigen Zeit begegnen würde. Tatsächlich sollte er ihn nicht nur viele Male treffen, sondern bei einer Gelegenheit, es war die dritte Begegnung, verbrachten sie gemeinsam vierzehn Tage in einer Höhle bei Kedarnath. Diese gemeinsame Zeit erwies sich als Wendepunkt. Die tiefen Erfahrungen, die er damals machte, verwandelten ihn und sollten ihn dahin führen, wo er sich heute befindet.

Das folgende Kapitel ist eine Niederschrift der Gespräche zwischen dem Meister und „M" aus dem Gedächtnis. „M" ist sich bewusst, dass viele seiner Zweifel durch diesen, sich über die ganze Dauer ihres Zusammenseins erstreckenden Austausch von Fragen und Antworten geklärt wurden. Die Wiedergabe der Unterweisungen in Form des Dialogs basiert auf jener ehrwürdigen Tradition, durch die der größte Teil der religiösen Schriften der Welt (wie zum Beispiel die *Bhagavad-Gītā*) überliefert wurde. Die Form der Unterweisung durch Fragen und Antworten (*Prashnottara*) ist der Diskussion bei weitem überlegen.

Bei dieser Methode beantwortet der Lehrer Fragen eines ernsthaften Schülers, statt vor einem Publikum von Zuhörern mit unterschiedlichen Interessen eine Predigt zu halten. So möge der Geist des Dialogs auch diese Wiedergabe prägen!

Dass diese Dialoge weder mechanisch noch manuell direkt aufgezeichnet wurden, ist nicht „M's" Fehler oder einem Mangel an Eifer zuzuschreiben, zumal er bezüglich seines – wie er meinte – unzuverlässigen Gedächtnisses skeptisch war. Es war sein Meister, der ihn von solchen Versuchen abhielt, da er sie unnötig fand. Er versicherte „M", dass er sich im richtigen Augenblick ganz genau erinnern werde, wobei er ihn über die Umstände des „richtigen Augenblicks" allerdings im Unklaren ließ.

Es sollte einige Jahre später sein, während „M" als Journalist auf den Andamanen[48] arbeitete. Die Nachmittagsschwere pflegte oft schwer auf seinen Händen zu lasten, und so kam ihm der Gedanke, seine Fähigkeit zum vollständigen Rückruf der seinerzeit erhaltenen Unterweisungen zu prüfen. Und er gewann – oder besser: der Meister ließ ihn nicht im Stich. Zu „M's" Erstaunen und Entzücken begann sich der gesamte Dialog in ihm abzuspulen, und die Worte flossen in der Art automatischen Schreibens auf die vor ihm liegenden Blätter. Es ist zu hoffen, dass das Resultat – eine durchgehende Aufzeichnung des dialektischen Austauschs – allfällig vorhandene Zweifel seitens der Leser, wie bei M selbst, klären wird.

Es war eine frostige Himalaya-Nacht. Wir saßen uns auf einer großen Felsplatte vor dem Eingang zur Höhle gegenüber. Um uns herum schimmerten die silbernen schneebedeckten Gebirgszüge in überirdischem Licht. Trotz des knisternden Feuers, das wir schon früher angezündet hatten, und der dicken Decken, die ich um mich gewickelt hatte, ließen mich die eisigen Windstöße erschauern, wenn sie mir direkt ins Gesicht bliesen. Mein *Guru* bildete den extremen Gegensatz zu

---

48 Zum Indischen Territorium gehörende Inselgruppe im Golf von Bengalen (Indischer Ozean).

meiner vermummten Gestalt: Nackt bis auf seinen knielangen baumwollenen Lendenschurz saß er da. Wie ich später erfuhr, meisterte er die von den tibetischen *Yogis als Tumo* bezeichnete Technik, die Körpertemperatur anzupassen. Er schien sich auf seiner gefalteten wollenen Decke durchaus wohlzufühlen. In *Padmāsana* (Lotossitz) sitzend, schaute er mich mit einem freundlichen, glückseligen Lächeln an.

„Entspanne dich", sagte er, „es gibt nichts zu fürchten. Mache es dir bequem." Ich weiß nicht, was dann weiter mit mir geschah. Seine Worte wirkten magisch auf mich. Mein ermüdeter Körper, der sich auf den fast unzugänglichen Gipfel heraufgeschleppt hatte, war auf wunderbare Weise wiederbelebt. Meine schmerzenden Muskeln schmerzten nicht mehr; die Blasen an meinen Füßen plagten mich nicht mehr; sogar der Wind schien seine Nadelstiche eingestellt zu haben. Eine wohltuende Wärme floss von ihm zu mir und durchdrang meinen ganzen Körper. Ich empfand plötzlich, dass ich nicht mehr hungrig war, obwohl ich seit drei Tagen nichts mehr gegessen und gerade noch Heißhunger verspürt hatte. Ich fühlte mich wieder gefestigt in Körper und Geist; ich wurde hellwach, in einer Schärfe, die ich meiner Erinnerung nach nie zuvor gekannt hatte.

"Dies war der erste der vierzehn Tage, die ich mit ihm verbrachte. Es gab so viele Fragen zu stellen und so viele Zweifel zu klären. Ich wusste nicht, ob und wann sich eine solche Gelegenheit wieder ergeben würde.

Und wir begannen:

M: *Sir, ich habe nun viele Jahre lang den Vedānta studiert. Anfangs glaubte ich alles zu verstehen, aber mit dem Fortschreiten der Jahre und der zunehmenden Vertiefung in die Materie begann ich zu realisieren, wie wenig ich begriffen habe. Es gibt noch so viele Fragen, die ungeklärt geblieben sind.*

Als Erstes die Frage, wie dieses Mysteriums des Wissens zu enträtseln ist, da genau dieser Pfad des Suchenden als Weg des Wissens - Jñāna - Mārga – bezeichnet wird. Ich bin, wie viele andere auch, verwirrt über folgende Aussage der Īshā- Upanishad:

Andham tamah pravishanti ye avidyām upāsate
tato bhūya iva te tamo ya u vidyāyām ratāh[49]

(Jene, welche die Unwissenheit anbeten,
treten in Dunkelheit ein.

Und jene, die das Wissen anbeten, treten in noch größere
Dunkelheit ein.)

Der erste Teil ist unmissverständlich. Von Kindheit an haben wir gelernt, dass Unwissenheit durch den Erwerb von Wissen zu überwinden ist. So ist es ziemlich verwirrend, vom Rishi zu hören, die Verehrung des Wissens führe in größere Dunkelheit. Wie lässt sich dies erklären? Wenn beide – Ignoranz und Wissen – in die Dunkelheit führen, muss es etwas jenseits beider geben? Wenn sogar Wissen in Dunkelheit führt: Was ist es, das man jenseits von beiden – Ignoranz und Wissen – finden kann?

Meister: Nun sei hellwach, mein Sohn! Hellwach zu sein heißt nicht, sich anzuspannen, sondern zu entspannen und die Lehren tief einsinken zu lassen, damit sich deine Zweifel klären. Höre achtsam zu; danach magst du mir noch weitere Fragen stellen, sofern du noch welche hast. Wir werden die Dinge so diskutieren, wie zwei nahe Freunde ihre persönlichen Probleme besprechen – in vollständiger Offenheit und Liebe.

Es stimmt: Viele haben sich über die scheinbar widersprüchlichen Aussagen der Upanischaden den Kopf zerbrochen. Doch wenn du die Worte sorgfältig prüfst, lösen sich die Widersprüche auf.

„Jene, welche die Unwissenheit anbeten, treten in Dunkelheit ein." Ist dies nicht ganz klar? Ignoranz, Avidyā, ist Mangel an Wissen. Durch den Erwerb von Wissen, *Jñāna*, wird die Ignoranz zerstört. Nirgends in den Upanischaden heißt es „Du sollt kein Wissen erwerben", denn Wissen ist das einzige Werkzeug, das Ignoranz zu vertreiben vermag. Was immer wir erlernen ist Wissen, einschließlich dessen, was du jetzt von mir hörst. Wie denn, sollte Wissen in die Dunkelheit führen?

Nun höre genau. Die Upanischaden sagen nicht, dass Wissen in

---

49 Siehe https://upanishads.org.in/upanishads/1/9. Auf dieser Website finden sich auch Soundclips mit dem gesungenen Text.

die Dunkelheit führt. Sie sagen lediglich, dass jene, welche „das Wissen anbeten" in größere Dunkelheit eintreten. Dies will näher geprüft sein.

Nimm an, du seist in ein Feld voller Disteln getreten, und nun stecken etliche Dornen in deinen Füßen. Du wusstest nicht – warst unwissend –, dass es sich um ein dorniges Gelände handelte. Nun versuchst du, sie mit bloßen Händen herauszuziehen. Doch das gelingt nicht; dafür stecken sie schon zu tief. Mit einem schärferen, längeren und stabileren Dorn gelingt es dir, sie zu entfernen. Jetzt sage mir: Wirst du nun, nachdem du die schmerzhaften Dornen losgeworden bist, den größeren Dorn in deinen Fuß stecken? Nein, das wirst du nicht. Du wirst ihn wegwerfen. Genau so ist es mit dem Dorn des Wissens, den du zur Entfernung des Dorns der Ignoranz verwendet hast. Beide werden verworfen; vom *Yogi* wie vom Suchenden, dessen Ziel die Befreiung ist.

Lass uns sehen, bevor wir weitergehen, was Wissen an sich ist: Du verstehst eine Sache oder ein Ereignis und sagst: „Ich habe das Wissen darüber erworben." Dies bedeutet, dass du über eine Sache oder ein Ereignis alle Informationen – oder möglichst viele davon – in dein Gedächtnis eingelagert hast; darauf kannst du dich später beziehen, es in zukünftigem Geschehen erkennen und entsprechend darauf reagieren. Von dieser Art ist alles Wissen, das im menschlichen Gedächtnis aufbewahrt wird. Kannst du dir etwas anderes denken? Im selben Augenblick, in dem du meine Worte gehört hast, sind sie bereits aus der Gegenwart verschwunden und zu Vergangenheit geworden. Dies ist die Natur des Gedächtnisses. Gedächtnis ist eine Sache der Vergangenheit. Wissen, wie wir es kennen, ist in diesem Sinne etwas, dessen wir uns erinnern, sei es aus jüngster Vergangenheit – vor dem Bruchteil einer Sekunde – oder aus früheren Jahren. Das heißt, es ist Erinnerung. Alles Wissen ist deshalb Erinnerung – Ding der Vergangenheit.

Andererseits ist *Brahman,* die höchste Wirklichkeit, niemals Erinnerung. Es ist lebendige Gegenwart – ewige, unmittelbare Präsenz. Es ist niemals durch ein Wissen zu erfassen, das sich naturgemäß ausschließlich auf die Vergangenheit bezieht.

M: *Wenn Wissen sich nur auf das Gedächtnis bezieht, was ist es denn, das um* Brahman *wissen kann?*

Meister: Um dies begrifflich zu umschreiben, müssen wir uns anderer Kategorien von Wissen bedienen. Am untersten Ende einer Skala befindet sich *Ajñāna*, das mit Hilfe unserer Sinnesorgane erworbene Wissen über die äußere Welt. Über *Ajñāna* liegt *Jñāna*, das Wissen über das Selbst sowie andere mit Hilfe des logischen Intellekts, *Buddhi*, durch Schriften und Lehrer erworbene Kenntnisse. Noch höher liegt *Vijñāna*, unterscheidendes Wissen, mit der Fähigkeit, das Wirkliche vom Scheinbaren oder Relativen zu trennen.

Wer einmal die Ebene von *Vijñāna* erreicht hat, kann dies zur Perfektion verfeinern, indem er danach strebt, ständig auf dieser Ebene zu bleiben. Gelingt dies, werden das intellektuelle Verständnis, *Jñāna*, und das die Leidenschaften erregende *Ajñāna* sowie schließlich auch die eben beschriebene Fähigkeit des Unterscheidens, *Vijñāna*, überholt und transzendiert, wodurch es zur intuitiven und vereinigenden Erfahrung des *Brahman* kommt.

Eigentlich ist auch der Ausdruck „Erfahrung" in diesem Zusammenhang ein Widersinn, eine falsche Bezeichnung, da er von einer Erfahrung und dementsprechend einem erfahrenen Objekt ausgeht. Alles, was sich jedoch über einen solchen Zustand sagen lässt, ist, dass es sich um eine mental-spirituelle Erleuchtung handelt, in der einzig ein alles durchdringendes Wissen existiert, jenseits der Dualität von Wissendem und Gewusstem.[50]

M: *Muss ich also davon ausgehen, dass Wissen, wie wir es normalerweise verstehen, nutzlos ist?*

Meister: Nein, sicherlich nicht. Die Fähigkeit zu wissen, in welchem Grad der Vollkommenheit auch immer, ist das höchste menschliche Vermögen. Jede der besprochenen Ebenen hat in der Hierarchie des Wissens den ihr gemäßen Platz. Ohne unsere Sinneserfahrungen, wie

---

50 *Brahman*: Die Trennung von Erfahrendem, Erfahrung und Objekt der Erfahrung ist durch Verschmelzen mit dem Einen aufgehoben.

unzuverlässig oder unwirklich sie auch sein mögen, können wir unsere unmittelbare Lebensumgebung nicht begreifen. Sie mögen zu Leidenschaften, Anhaften und anderem führen, Elend oder flüchtige Freuden verursachen.

Doch es ist gerade dieses Elend oder diese Freude, was uns schließlich zu *Jñāna* führt, vernunftgemäßen Denken, mit dem wir die gegenwärtige Situation einschätzen und reflektieren können. Vernunft also führt durch die verstandesmäßige Anerkennung einer höheren Wirklichkeit zu *Vijñāna*.

Allerdings kann die Vernunft selbst zu der Erkenntnis führen, dass die Vernunft oft unzuverlässig ist, wenn unsere subjektiven Vorurteile sie verfärben. Wird die Vernunft jedoch durch die Intuition aus einer unbekannten und unerkennbaren Quelle unterstützt, kann man die Ebene von *Vijñāna* erreichen. Hier wird die letzte Wirklichkeit zu mehr als einem intellektuellen Konzept: Sie ist als gegenwärtiges Potenzial erfahrbar.

Wer ununterbrochen in *Vijñāna* verweilt, erreicht *Brahman*, die höchste Wirklichkeit. Mit anderen Worten: *Brahman* liegt jenseits von *Ajñāna*, *Jñāna* und den frühen Phasen von *Vijñāna*. *Brahman* wird in tiefer Meditation erfahren, nach dem Überschreiten des normalen Bewusstseins, das nicht mehr ist als eine Sammlung von Gedanken. Das Wissen als Gedächtnis des Vergangenen ist sich seiner Endlichkeit und seines Unvermögens, das Unendliche zu erreichen, dem alle Intelligenz entspringt, vollständig bewusst. Indem es aufgibt, zu räsonieren, zu argumentieren und zu zweifeln, und die Kette der Gedanken loslässt, wird es so still und unbewegt wie eine unendliche Fläche klaren Wassers, ohne das leiseste Kräuseln.

In diesem stillen, unbewegten, reinen Geist spiegelt sich *Brahman*, die höchste, absolute und glückseligste Wirklichkeit[51].

---

51 Logischerweise, oder besser: linguistisch, muss sich der Terminus „Wirklichkeit" auf den „Inhalt" beziehen, der in der höchsten Form oder Qualität offenbart wird; und die Erfahrung, die diesen Inhalt offenbart, ist nicht mehr „menschlich" im engen Sinn des Wortes.

Dies meint die *Kena-Upanishad*, wenn sie sagt: „Dies, was sogar das Bewusstsein nicht erreichen kann, das jedoch dem Bewusstsein die Gabe des Verstehens verleiht; dies, o Suchender, ist das wahre *Brahman*! Es ist nichts, das du hier anbeten kannst.“

M: *Wird der Geist nicht träge, gleich dem eines Idioten, wenn er aufhört zu denken und zu überlegen?*

Meister: Wie sollte der Geist als Spiegelung des Samens und Quelle aller Intelligenz jemals träge werden? Ein solcher Geist ist immer aktiv; immer damit beschäftigt zu tun, was ihm als Pflicht bestimmt ist. Ein solcher Geist, gesegnet mit einem überquellenden Antrieb von Energie, verbunden mit dem Urquell der gewaltigen, das ganze Universum bewegenden Energie, ist weder durch Hindernisse noch Misslingen zu bremsen. Ein kontinuierlich wirkender Geist, frei von den Ablenkungen, denen Menschen normalerweise unterworfen sind, wird nie durch Misslingen entmutigt noch durch Erfolge berauscht. Nur auf einen solchen von der Energie des universalen Generators angetriebenen Geist ist wirklich Verlass. Alle anderen „Geister“ sind wirkungslos, denn sie haben das Geheimnis des Wirkens nicht entdeckt.

Die einzige Erfahrung oder der einzige Seinszustand, deren Inhalt nicht an Wert verlieren kann (so, wie ein zuvor gelobtes Objekt oder ein Seinszustand durch eine neue, dem widersprechende Erfahrung entwertet wird) und denen naturgemäß keine andere Erfahrung zu widersprechen vermag (weder faktisch noch grundsätzlich), ist die Erfahrung reiner spiritueller Identität: die Erfahrung, worin die Trennung zwischen Selbst und Nicht-Selbst, von Ich und Welt, überschritten wird.

Lass uns den Geist einiger großer Persönlichkeiten betrachten, die nicht nur Denker, sondern auch Macher waren. Adi Shankara[52] war einer der führenden Vertreter des *Advaita- Vedānta* – ich komme darauf

---

52 Gemäss Shankara gibt es drei existenzielle Ebenen: *Pāramārthika*, die der absoluten Wirklichkeit, *Brahman*, entspricht; *Vyāvahārika*, die scheinbare Wirklichkeit unserer alltäglichen Welt des Wandels, und *Pratibhasika*, die illusionäre Welt der Träume, Halluzinationen, eine falsche Art der Wahrnehmung, wie zum Beispiel das Verwechseln eines Seils mit einer Schlange, und so weiter.

später noch zurück – und zugleich ein beispielhafter *Sannyāsin*. In der kurzen Zeitspanne von 32 Jahren leistete er ein Pensum, für das andere Menschen 100 oder mehr Jahre gebraucht hätten – oder das sie nicht einmal innerhalb mehrerer Leben hätten vollbringen können. Er reiste zu Fuß kreuz und quer durch das riesige Land, schrieb umfangreiche Kommentare zu den heiligen Schriften, engagierte sich in Debatten mit zahlreichen Gelehrten seiner Zeit und erneuerte Tempel, wo immer er hinging. Er war in allen Dingen erfolgreich, weil er das Geheimnis des Wirkens verstanden hatte.

Nimm ein neueres Beispiel, Svāmi Vivekānanda, den großen Meister des *Vedānta*. Angesichts seines gewaltigen Werks kann man nur überwältigt sein. Was für eine herausragende Persönlichkeit und was für ein unermüdlicher Arbeiter für das Wohl der Menschheit! Du wirst zahlreiche Beispiele dieser Art finden.

M: *Was ist mit jenen, die es vorziehen, nach der Verwirklichung der höchsten Wahrheit im Schweigen zu verweilen?*

Meister: Wenn der vollendete Weise es vorzieht, im Schweigen zu verweilen – es gibt zweifellos viele, welche diese Vollkommenheit lediglich vorgeben –, wird sein Schweigen wirksamer als jede Rede oder offenkundiges Tun. Der Weise wirkt aus der Stille auf den Geist jener, die auf die Stimme der Stille hören. Denn solch ein Weiser hat die Quelle aller Gedanken erreicht und vermag die ganze Welt durch einen einzelnen Gedanken zu verändern. Diese Stille ist wirksamer als stundenlange Vorträge. Aus der Stille – so still wie das niedrige Gras, auf dem wir gehen – bewirkt der Heilige Wunder, während er selbst unerkannt bleibt, wie das höchste *Brahman*. Durch einen einzigen Gedanken solch eines Weisen werden herkulische Taten vollbracht.

Nun will ich dir einen anderen Aspekt der Worte „Jene, die Wissen anbeten, werden in größere Dunkelheit eintreten" erklären.

Manche Menschen werden, nachdem sie die Schriften und zahlreiche Kommentare sowie andere Zweige des Vedischen Wissens, wie Astrologie, Mathematik, *Mantras* und so weiter studiert haben, stolz und überheblich. Sie inszenieren sich als gelehrte Menschen und nehmen sich wichtig. Ihr Ich ist so aufgebläht, dass sie sich immer im Recht glauben und sich weigern, anderen zuzuhören, und nicht geruhen, den Gesichtspunkt anderer zu bedenken. Ihre Geisteshaltung kann nicht akzeptieren, dass es auch andere Blickwinkel auf dasselbe Problem gibt, die ihnen entgangen sein könnten. Ihre Hybris, ihr exzessiver Stolz, wird unvermeidlich zum Auslöser ihres Untergangs und des darauf folgenden Elends. Der Geist solcher Menschen ist durch Vorurteile und vorgefasste Meinungen verschlossen; sie wirken wie abgestandene Tümpel. Ihr Geist verliert an Sensitivität und Wachheit; er ist durch Schlacke verstopft und umwölkt, die – über lange Zeit hinweg in mühsamer Kleinarbeit angesammelt – fälschlicherweise für Wissen gehalten wird. Ihrer ist der gelbsüchtige Geist, der in allem und überall gelb sieht. Das sind die Verehrer des Wissens, die in größere Dunkelheit eintreten. Sie lehnen es ab, sich dem Licht zuzuwenden, dessen Existenz sie weiter bestreiten. Manche unserer Wissenschaftler und Philosophen können diesem Kreis von Anbetern der Dunkelheit zugerechnet werden.

Ich werde, was ich eben gesagt habe, durch eine Geschichte verdeutlichen: Es gab einen großen gottverwirklichten Heiligen, zu dem Suchende in Scharen strömten, um die Wahrheit zu erfahren. Darunter auch ein aufgeblasener Gelehrter, der ihn besuchte, um sich unterweisen zu lassen. Nachdem er dem Heiligen kurz zugehört hatte, fragte er: „Wie schnell kann ich den Zustand der Freiheit erreichen, Sir?" „Nach einer langen Zeit", erwiderte der Lehrer.

Ein armer, des Lesens unkundiger Gärtner, der gleichzeitig anwesend war und dem Heiligen mit gespannter Aufmerksamkeit zugehört hatte, stand auf, dankte dem Heiligen mit gefalteten Händen und sagte: „Sir, ich weiß nicht, wie ich für das, was Ihr mich gelehrt habt, danken soll. Ich bin ein unwissender Mann. Werde ich je das Höchste erreichen?"
„Innerhalb weniger Tage", sagte der Lehrer.

Diese Antwort kränkte den Gelehrten. „Wie kann das sein", fragte er, „dass dieser Ignorant das Höchste in ein paar Tagen erreichen kann, während ich, ein großer Gelehrter, so lange zu warten habe?"

Unbeirrt durch die Hybris des Gelehrten, erwiderte der Heilige: „Dein Geist ist so vollgestopft mit Dingen, die du gesammelt hast, dass du viel Zeit brauchen wirst, um alle von dir schon kreierten Missverständnisse zu entlernen. Dein Ego ist so aufgeblasen, dass es die Tür des Verstehens und der Einfachheit, durch welche die Wahrheit eintritt, verschlossen hat. Sobald du von all diesem Müll frei bist, wirst du das Höchste erreichen. Ich habe dir so viel Zeit eingeräumt, damit du die Unmenge von Schrott zu entsorgen vermagst.“

M: *Bedeutet dies, dass der Unwissende größere Chancen hat, die Wirklichkeit zu erfahren als der Gebildete?*

Meister: Gewiss nicht. Ich habe dir ein Beispiel gegeben, um zu zeigen, dass es einen nicht zum Gebildeten macht, wenn man Dutzende von Schriften auswendig lernt, Ein wirklich gebildeter Mensch ist einer, der nicht einfach auswendig lernt, sondern der über die Fähigkeit verfügt, zu begreifen und zu verstehen. Nur ein von Missverständnissen freier Geist kann dank seiner intellektuellen Schärfe verstehen, dass dem Intellekt, wie hoch auch immer er sich aufschwingen mag, gewisse Grenzen gesetzt sind. Es gibt eine Ebene, zu der er aus sich selbst nicht aufzusteigen vermag. Ihm bleibt jene vierte Dimension verschlossen, der die Quelle der einzigartigen menschlichen Fähigkeit zu denken entspringt: die Mutter aller Gedanken.

M: *Ich verstehe nicht ganz, was Sie unter der vierten Dimension verstehen.*

Meister: Vielen Menschen geht dies so. Es ist schwierig für eine Person, die an eine dreidimensionale Welt von Länge, Breite und Tiefe (oder Höhe) gewohnt ist - deren Denken durch diese begrenzenden Dimensionen konditioniert ist –, sich eine vierte Dimension jenseits des Bewusstseins vorzustellen. Sie kann erst erfahren werden, wenn die gesamte Kette der Gedanken - der eigentliche Denkprozess – vollständig ruhig und still geworden ist. Dieser Zustand erschließt sich erst aus der eigenen Erfahrung; ich will jedoch versuchen, ihn so logisch wie möglich zu erklären. Zumindest wird es dir so möglich, ihn intellektuell zu begreifen und ihn, indem du ihn kontemplierst, vielleicht sogar zu erfahren.

Stelle dir zwei hauchdünne, rot gefärbte, scheibenähnliche Geschöpfe vor, die in einer großen Schachtel ohne Deckel leben. Offensichtlich können sie die Schachtel wegen der vier begrenzenden Wände nicht verlassen. Während sie sich auf dem Boden der Schachtel in alle Richtungen zu bewegen vermögen, sind sie nicht fähig, sich an den Wänden hinauf und herunter zu bewegen. Sie können sich allein entlang der Länge und Breite bewegen. Da sie in diesem Lebensraum geboren und aufgewachsen sind, haben sie keine Vorstellung von anderen Dimensionen als den beiden, mit denen sie vertraut sind. Höhe und Tiefe existieren für sie nicht, denn sie hatten nie die Gelegenheit, sich aus der rechteckigen Fläche hinauszuwagen.

Stellen wir uns nun vor, dass jemand von oben in die Schachtel greift, eine dieser Kreaturen hinaushebt und sie in eine ähnliche Schachtel bringt, wo Geschöpfe leben, die sich lediglich durch ihre grüne Farbe unterscheiden. Auf gleiche Weise wird ein grünes Geschöpf in die andere Schachtel übertragen.

Beide, die grünen wie die roten Geschöpfe, sind außerstande zu verstehen, wie die Dislokation geschah. Da sie lediglich laterale Bewegungen gewohnt sind, können sie sich keine Bewegung nach oben oder unten vorstellen. Jede Bewegung außer der horizontalen ist für sie ein Wunder, und so leben sie weiterhin in ihrer neuen Umgebung, ausschließlich der zweidimensionalen Fläche bewusst.

Die meisten von uns sind so, wie diese vorgestellten Geschöpfe. Wir können uns keine andere oder höhere Dimension vorstellen als die Welt unserer normalen Sinnesorgane – Sicht, Gehör, Berührung, Geruch und Geschmack – und die begrenzte Welt eines Intellekts, der wiederum durch das Spektrum der Sinneserfahrungen konditioniert ist. Die spirituelle Reise beginnt erst, wenn der aufmerksame Verstand die Möglichkeit einer anderen Dimension einräumt, die er mit den ihm gegebenen Fähigkeiten des Denkens oder der sinnlichen Erfahrung nicht erreichen kann, und damit beginnt, andere Mittel zu erkunden, um dorthin zu gelangen. Es ist sogar schwer zu glauben, dass einige Menschen diese erhabene Höhe erreicht haben, denn schon allein sie sich vorzustellen fällt dem konditionierten Verstand schwer.

Eine Adaption der Parabel des griechischen Philosophen Plato erklärt dies auf eine etwas andere Weise[53]. Durch einen langen unterirdischen Tunnel, der gerade breit und hoch genug für einen aufrecht stehenden Menschen ist, bewegt sich eine Kolonne von Sklaven, die durch eiserne Ketten miteinander verbunden und an den Füssen gefesselt sind. Auch die Hände sind in Handschellen eingeschlossen, und die Bewegung ihres Kopfes ist durch schwere, am Nacken hängende Gewichte eingeschränkt. So weit ihre Erinnerung zurückreicht, haben sie schon immer in diesem Zustand gelebt. Sie können sich nur in eine Richtung bewegen: vorwärts. Sie können nur in eine Richtung sehen: nach vorne. Seit Jahren bewegen sie sich endlos in diesem kreisförmigen Tunnel. Die einzige Möglichkeit, sich auszuruhen und zu entspannen, ist durch seltene Pausen gegeben, in denen ihnen gestattet ist, sich für einen Augenblick gegen die Wände des Tunnels zu lehnen, bevor die unaufhaltsame, monotone Bewegung wieder aufgenommen wird.

An der Decke des Tunnels befindet sich eine zur Außenwelt hin geöffnete Tür. Doch, was hilft sie jenen, die sie nicht sehen können? Sie alle haben im durch die Deckenöffnung eindringenden schwachen Licht nur den Rücken des Vordermannes vor Augen.

Durch Zufall geschieht es, dass von einem dieser Menschen Handschellen, Gewicht und die seine Bewegungen einschränkenden Fesseln aufbrechen und abfallen. An die stereotype Art der Fortbewegung gewohnt, wird er sich dessen nicht bewusst und folgt weiter den andern, bis ihn eines Tages ein scharfer Schmerz im Nacken zwingt, sich umzuwenden. Augenblicklich realisiert er, dass ihm etwas möglich ist, das die andern nicht können: seinen Kopf in eine andere Richtung als die gewohnte zu drehen. Er merkt auch, dass er in der Lage ist, seine Beine zu heben und sich mit größerer Freiheit zu bewegen.

Dank seiner neuen Bewegungsfreiheit schaut er nach oben und

---

53 Das originale Höhlengleichnis Platos unterscheidet sich von der adaptierten Version meines Meisters, doch auch es unterscheidet zwischen dem für unsere konditionierten Denkweisen und unsere sensorischen Wahrnehmung Sichtbaren einerseits, sowie dem jenseits davon Befindlichen, andererseits. – M.

sieht das durch die Öffnung eintretende blasse Licht. Obwohl er in der Prozession weiterschreitet, erwacht in ihm die Hoffnung, sich über die Begrenzungen der anderen hinaus bewegen zu können.

Eines Tages nähert sich jemand von draußen der Öffnung und ruft ihn beim Namen. Zuerst nimmt er das nicht wahr.

Doch als der Rufer oben weiter insistiert, streckt der Sklave seine Hand aus und wird daran aus dem Tunnel emporgehoben. Zuerst ist er vom grellen Licht draußen geblendet und fühlt sich fast blind. Geführt durch seinen Retter, gewöhnt er sich nach und nach an das Tageslicht und versteht, dass hier oben eine weite, freie und wunderbare Welt existiert. Er realisiert, dass er sich bewegen kann, wie er will.

Dies ist ein Mensch, der eine Dimension der Wahrnehmung, jenseits der begrenzten Sicht der im Tunnel Eingeschlossenen erreicht hat. Wie würden seine früheren Schicksalsgenossen reagieren, wenn er sie später besuchte und ihnen über die Wunder einer ganz anderen Welt von Freiheit und Licht berichtete? Sie wären wohl nicht in der Lage, die Tatsache zu erfassen, dass seine Erzählung auf Wahrheit beruht. Sie würden skeptisch sein und ihn so lange als Lügner oder Verrückten bezeichnen, bis sie selbst so frei wären, die neue Welt, die neue Dimension, die er erfahren hat, zu erreichen.

Dieser befreite Mensch ist der hellsichtige Weise, und seine zweifelnden Freunde bewegen sich weiterhin wie Automaten: in Unwissenheit lebende Menschen, angekettet im Zyklus von Leben und Tod.

Hier hast du die Lehre in einer Nussschale.

[Inzwischen war es nach Mitternacht. Mein Meister bot mir an, auf der Planke im Inneren der Höhle zu schlafen, während er weiterhin in *Padmāsana* verharrte, fest und aufgerichtet – eine majestätische nackte Gestalt, gleich Arjuna, ein *Gudākesha*, ein Bezwinger des Schlafes. Ich, dagegen, fiel in einen tiefen, entspannenden Schlaf und erwachte am

Morgen vollständig erfrischt.]

M: *Nachdem nun meine Zweifel an der Aussage der Īshāvāsya-Upanishad über das Wissen beseitigt sind, würde ich gerne die Essenz des Shānti-Mantras derselben Upanischade verstehen:*

> Om Pūrnamadah pūrnamidam
> Pūrnāt pūrnamudachyate
> Pūrnasya pūrnamādāya
> Pūrnamevā vashishyate.

(Jenes ist vollkommen, dieses ist vollkommen. Aus jener Vollkommenheit entspringt diese Vollkommenheit. Wenn die Vollkommenheit von der Vollkommenheit genommen wird, bleibt allein Vollkommenheit.)

Das ist ziemlich verwirrend, und ich frage mich oft, ob es allein ein Spiel mit Wörtern ist.

Meister: Keine vedische Aussage ist ein bloßes Spiel mit Wörtern. Das *Shānti-Mantra,* das du hier zitierst, ist nichts anderes als das in der Wissenschaft bekannte Gesetz der Erhaltung von Energie. Wie du weißt, besagt das Energieerhaltungsgesetz, dass Energie oder ihr Äquivalent als Masse weder geschaffen noch zerstört werden kann. Dies bedeutet, dass die gesamte Summe von Masse und Energie immer konstant bleibt. Nichts kann hinzugefügt noch weggenommen werden. Diese Vollständigkeit entspricht *Brahman* – der ewig vollständigen Wirklichkeit, die sogar im sogenannten Vakuum existiert.

So, wie diese Vollständigkeit, die als Materie oder Welt der Sinne existiert, in eine andere Form – Energie – transformiert jedoch nicht erschaffen oder zerstört werden kann, manifestiert sich *Brahman* in verschiedenen Formen und kann weder vermindert noch vermehrt werden.

Übrigens wurde diese Eigenschaft des Unzerstörbaren in der antiken Numerologie durch die mystische Zahl 9 repräsentiert, denn die Queraddition der Stellen jedes Mehrfachen von 9 ergibt immer wieder 9.

M: *Sir, ich bitte um die Erklärung der vedāntischen Lehre „Die Welt ist unwirklich". Wie kann diese Welt unwirklich sein, die so greifbar ist, die wir jederzeit sehen, berühren und fühlen können?*

Meister: Dies ist sicher eine der wichtigeren, wenn nicht gar die wichtigste Frage. Wir wollen sie von verschiedenen Blickwinkeln her ansehen, einem nach dem andern.

Lass uns erst die Frage des Sehens nehmen. Wir sehen mit unseren eigenen Augen jeden Tag die Sonne auf- und untergehen. Geht die Sonne wirklich auf und unter? Die Wissenschaft sagt uns, dass dem nicht so ist, dass die Sonne stationär bleibt und es die Erde ist, die sich dreht und so, von der Erde aus gesehen, die Illusion von Sonnenaufgang und Sonnenuntergang erzeugt. Die Wissenschaftler haben Beweise beigezogen, um ihre Beobachtungen zu stützen. Entgegen dieser unanfechtbaren Wahrheit sagen uns unsere Sinne, dass die Sonne regelmäßig auf- und untergeht. Sollen wir nun unseren Augen glauben oder den wissenschaftlichen Beweisen? Ist somit die durch unsere Sinnesorgane übermittelte Information nicht oft irreführend?

M: *Ja, dem stimme ich zu. Wir können nicht alles glauben, was wir sehen. Die Erfahrung der Sinne kann auch Illusion sein.*

Meister: Nun wollen wir herausfinden, weshalb der *Vedānta* die Welt als unwirklich bezeichnet. Alles in dieser Welt Existierende ist in ständiger Bewegung: Die Nacht weicht dem Tag, das Leben dem Tod, und darauf folgt wieder neues Leben. Millionen von Zellen in unserem Körper sterben in jeder Minute und neue nehmen ihre Stelle ein. Was heute hier ist, ist morgen nicht mehr da. Kann jemand die davoneilende Zeit anhalten? Im Augenblick der Geburt eines Gedankens ist er bereits wieder in die Vergangenheit entschwunden. Kein gewöhnlicher Mensch weiß, wie alles begann und wie es enden wird – falls es überhaupt enden soll. Kann etwas, das wie eine Blase erscheint und verschwindet, etwas, das nicht von Dauer ist, je wirklich sein?

Wirklichkeit ist dauerhaft: ewig. Nichts, das veränderbar und vorübergehend ist, kann wirklich sein. Die einzige unveränderliche, nicht dem Zerfall unterliegende Wirklichkeit ist *Brahman*.

Lass uns die Frage der Wirklichkeit der Welt der Sinne noch näher ansehen. Zu diesem Zweck, wollen wir uns einen kleinen, grün gefärbten hölzernen Würfel vorstellen. Die erste Eigenschaft, die ihn von anderen Objekten unterscheidet, ist seine Farbe.

Das in den Strahlen der Sonne enthaltene Lichtspektrum besteht aus Violett, Indigo, Blau, Grün, Gelb, Orange und Rot. Während unserer Schulzeit haben wir das Experiment erlebt, wonach eine mit diesen Farben versehene Scheibe, wenn sie rasch rotiert, als Analogiebeweis für die Zusammensetzung des Lichts lediglich eine weiße Oberfläche zeigte. Wir haben auch ein zweites Experiment erlebt, in dem ein Strahl weißen Lichts durch ein Glasprisma geschickt wird: Er löst sich augenblicklich in die sieben Farben des Spektrums auf.

Farbe ist also eine Eigenschaft des Lichts. Wenn wir sagen, ein Gegenstand sei grün, ist dies nicht ganz richtig. Was wir als grüne Farbe des Objekts sehen, ist das Resultat der Absorption aller Farben des Spektrums mit Ausnahme des Grüns, das allein reflektiert wird. Ein Objekt, das alle Farben absorbiert und keine reflektiert, erscheint schwarz, während eines, das sämtliche Farben reflektiert, weiß aussieht.

Einzig die Qualität eines Materials ist – aufgrund der molekularen Struktur und chemischen Zusammensetzung – für die Absorption gewisser Farben und die Abstrahlung anderer Farben maßgebend. Farben in verschiedenen Varianten werden von Chemikern hergestellt, die wissen, dass ein chemischer Stoff A vermischt mit einem anderen Stoff B die Qualität erhält, beispielsweise die grüne Farbe zu reflektieren. Mit denselben Chemikalien, in gleicher Proportion und im gleichen Prozess, können sie keine andere Farbe herstellen.

Wir müssen uns deshalb fragen, ob die grüne Farbe ein Merkmal oder eine Eigenschaft des vor uns liegenden hölzernen Würfels ist. Tatsächlich mag das Grün in künstlichem Licht wie eine ganz andere Farbe aussehen.

M: *Ja, ich akzeptiere, dass die grüne Farbe des Würfels nicht dessen wesenhafte Qualität oder Merkmal ausmacht.*

Meister: Somit ist das erste Merkmal, die sogenannte Farbe des Objekts, überhaupt nicht dessen Eigenschaft. Farbe kann kein Merkmal irgendeines Gegenstandes sein; es ist die Eigenschaft des Lichts, das auf ihn fällt und von ihm reflektiert wird, oder, wenn wir farbenblind sind, das, was uns unsere beschränkte Aufnahmefähigkeit für Farben uns sehen lässt, was uns als Farbe erscheint. Ist dann Farbe nicht eine Illusion?

Nun lass uns die Form des Objekts unseres Experiments betrachten: den Würfel. Ein Würfel ist nach unserem Verständnis definiert durch sechs gleich große quadratische Oberflächen. Wenn wir ihn ansehen, sehen wir nicht alle seine Seiten gleichzeitig. Indem wir jeweils drei seiner Seiten auf einmal betrachten, entscheiden wir, es sei ein Würfel. Was geschieht ist, dass die vom Objekt reflektierten Lichtstrahlen die Linse des Auges passieren und ein Bild auf der Retina hinter der Linse erzeugen; nicht das ganze Bild, sondern ein, zwei oder drei Seiten des Objekts, abhängig vom Betrachtungswinkel und der Größe des Objekts. Trotz der Unvollständigkeit der Daten schließt unser Hirn daraus, dass es ein Würfel sei, indem es ihn unbewusst um die unserem Blick verborgenen Seiten ergänzt. Natürlich findet dieser ganze Prozess innerhalb eines Sekundenbruchteils statt, und wir nennen dies „sehen".

Du magst auch ein gegensätzliches Phänomen beobachtet haben. Wenn du durch eine vom Regen überzogene Windschutzscheibe blickst, wirst du die geraden Pfähle der Stromleitungen als gekrümmt sehen sowie Bäume und andere Objekte in anderen ungewohnten Umrissen. Ein anderes Beispiel: Wenn du durch eine Glasscheibe mit unregelmäßiger Oberfläche schaust, wird das menschliche Antlitz in verzerrter Gestalt als groteske Karikatur erscheinen.

Und jetzt stelle dir ein Geschöpf vor, das mit Augen geboren ist, die eine andere Struktur als die Augen der normalen Menschen aufweisen. Nach allem, was du jetzt weißt, kann es sein, dass dieses Geschöpf als gebogen wahrnimmt, was uns als gerade Linie erscheint; es mag als Kugel sehen, was uns als Würfel erscheint. Du würdest seinen Aussagen nicht glauben, wenn es über die von ihm wahrgenommenen Formen spräche.

M: *Doch diese Unsicherheit bezieht sich lediglich auf das Sehen. Wie steht es denn, Sir, um meinen Tastsinn? Ich sollte die Form des Würfels erspüren können.*

Meister: So wie wir nicht gleichzeitig alle vier Seiten des Würfels sehen können, sind wir auch nicht fähig, gleichzeitig alle seine Seiten zu erspüren.[54] In diesem Fall schließen wir durch mentales Jonglieren mit den teilweise aufgenommenen taktilen Eindrücken sowie der visuellen Wahrnehmung auf einen Würfel, Du kennst die berühmte Geschichte von den sechs blinden Bettlern und dem Elefanten, und wie jeder von ihnen zu seiner eigenen Vorstellung von der Gestalt des Tieres kam. Du kannst ein praktisches Experiment mit deinem Tastsinn ausprobieren. Nimm zwei Gläser, eines mit lauwarmem Wasser, das andere mit kaltem. Tauche den Zeigefinger der einen Hand in das lauwarme Wasser und den der anderen in das kalte. Nimm die Finger heraus und tauche sie gleich wieder, diesmal in umgekehrt, in die beiden Gläser. Du wirst feststellen, dass der Finger, der vom kalten ins lauwarme Wasser wechselte, dieses als viel wärmer empfindet als der andere Finger, der es zuerst erspürte.

So sehen wir, wie zwei Merkmale, die wir für den Würfel als wesentlich angenommen hatten, nicht seine wirklichen Eigenschaften ausmachen. Weder Farbe noch Gestalt sind unzweifelhaft die Eigenschaften unseres Beispiels. Der Würfel hat bei näherer Prüfung seine Farbe und Gestalt verloren.

Das dritte Merkmal, das wir uns vornehmen wollen, ist die Größe. Größe ist wiederum ein relatives Konzept. Unser Würfel ist, sagen wir, 10 Zentimeter lang, 10 Zentimeter breit und 10 Zentimeter hoch,

---

54 Einige Jahre später stieß ich auf die folgenden Zeile in Dr. Roger Jones' Buch Physics as *Metaphor*: „Unsere abgöttische Vorstellung einer von unserem Bewusstsein unabhängigen objektiven Welt wird durch das subjektive Empfinden unserer Sinne unterstützt und durch objektive Messdaten bestätigt. Die grobstofflichen Sinneseindrücke werden weitgehend von mir interpretiert; mit Bezug auf ein auf Messungen physischer Eigenschaften basierendes Konstrukt der Wirklichkeit. Ich sehe keinen Tisch. Was ich sehe, ist ein seltsam geformter, brauner Bereich innerhalb meines Gesichtsfeldes. Ich sehe weder seine Höhe, noch Breite oder Tiefe. Ich schließe darauf, indem ich meine Tast- und Seheindrücke in das prädeterminierte Konstrukt eines Tisches mit räumlichen Eigenschaften und messbaren Dimensionen einfüge. Ich kann nicht einmal die Tischfläche auf ihre Solidität prüfen. Ich spüre lediglich eine Empfindung in meinen Fingern (als Druck bezeichnet), wenn ich versuche, die Hand zu schließen, oder einen abrupten Widerstand, wenn ich die Faust vor mir hinunterfallen lasse. Diese Konstrukte werden durch die Gewissheit unterstützt, dass ich messen und auf diese Weise
Höhe, Gewicht, Dicke und so weiter verifizieren kann.“

entsprechend dem von uns gewählten Messstandard. Die vom Auge wahrgenommene Größe ist rein relativ. Wenn du ihn von ferne ansiehst, wird er kleiner erscheinen als aus der Nähe. Oder stelle dir ein winziges Geschöpf, wie eine Ameise vor, wie sie vor dem Würfel steht. Sie wird ihn als Block von gewaltigen Proportionen oder eher als zu erklimmenden oder zu umkreisenden Hügel wahrnehmen. Wendet sie unseren Messstandard an, ist es noch immer ein Würfel mit einem Seitenmaß von 10 Zentimetern.

Auf die Ameise hingegen mögen die 10 Zentimeter eher wie 10 Kilometer wirken. Für uns ist ein Gramm Zucker sehr wenig; für die Ameise, die es trägt, mag es ein enormes Gewicht sein. Ein Kind wiederum erfährt seinen Vater als mächtigen Giganten, der mit seinem Heranwachsen an Größe verliert. Du siehst: auch Größe ist relativ und hängt vom Beobachter ab.

Wo ist jetzt also der Würfel mit seinen allgemein anerkannten Eigenschaften? Was ist seine wirkliche Größe? Ist er groß, klein oder winzig? Es kann keine endgültige Antwort auf diese Frage geben.

M: *Und wie ist es mit der Materie, Sir? Sie ist fest, ich kann es spüren.*

Meister: Wir werden die Festigkeit oder Massivität des Würfels zuerst besprechen. Dazu widmen wir uns deiner Fähigkeit, sie zu spüren. Stelle dir einen mikroskopischen, virusähnlichen Organismus vor, der in deinen Körper eindringt. Er ist so winzig, dass die Poren deiner Haut für ihn große Tore sind, durch die er mit Leichtigkeit eintreten kann. Für ihn könnten unsere Blutbahnen Flüsse sein, in denen er herumschwimmen kann, und unsere Arterien und Venen wären wie mächtige Tunnel. Dein fester Körper ist für den Virus nicht fest; da er kleiner ist als eine einzelne Körperzelle, vermag er sogar dein Knochenmark zu infiltrieren.

Lass uns die Festigkeit aus einem anderen Blickwinkel betrachten. Wie du weißt, besteht alle sogenannte feste Materie aus miteinander verbundenen Atomen, die wiederum weitgehend aus leerem Raum bestehen. Natürlich kannst du diesen leeren Raum mit bloßem Auge nicht sehen. Selbst unter dem Elektronenmikroskop siehst du noch scheinbar feste Körper.

Nun lass uns mit Hilfe der Quantenphysik noch weiter gehen. Woraus bestehen die winzigen Atome? Aus einem zentralen Kern, um den Elektronen kreisen wie Planeten um die Sonne im Sonnensystem. Der Kern und die Elektronen nehmen innerhalb des gesamten Bereichs des Atoms sehr wenig Raum ein.

Nun könnte man fragen „Wie ist es mit dem Kern? Ist nicht wenigstens dieser fest?" Wiederum wirst du sehen, dass die Protonen, welche zusammen mit den Neutronen den Kern bilden, weiter in Mesonen und andere subatomare Elementarteilchen aufgespalten werden können.

Wo ist also das, was du als feste Masse bezeichnetest? Unsere *Rishis*, die sich aufgrund ihrer speziellen Gaben tief mit diesen Themen befassten, haben herausgefunden, dass Materie einfach aus einem Feld besteht, in dem verschiedene Kräfte agieren und reagieren.

Mit einem weiteren Beispiel werden wir die Vorstellung der Festigkeit widerlegen. Ein Stück Stoff ist für den Druck deiner Finger undurchdringlich; du kannst deinen Finger nicht hindurchstecken, außer der Stoff ist sehr alt und du zerreißt das Gewebe. Also wirkt er fest. Mit Hilfe eines Vergrößerungsglases wirst du hingegen sehen, dass dieses Stück Stoff zwischen Kette und Schuss zahlreiche Zwischenräume hat. Ein mikroskopisches Lebewesen kann diese mit Leichtigkeit passieren. Für jenes Lebewesen ist er nicht fest und undurchdringlich, sondern voll von großen Zwischenräumen ohne jegliche Hindernisse. Ist also auch Festigkeit ein relativer Begriff?

Bei näherer Betrachtung ist alles üblicherweise als wirklich Bezeichnete nur scheinbar oder relativ. Mit Ausnahme der kosmischen Kräfte kann nichts als wirklich bezeichnet werden. Diese Wirklichkeit wirst du nur dank einer subtileren Erfahrung wahrnehmen können.

Schließlich gibt es in unserem Beispiel, dem Würfel, noch eine weitere Eigenschaft: sein Gewicht. Das Konzept des Gewichts zu zerstören, ist ziemlich einfach. Gewicht ist nichts anderes als ein Maß für die von der Erde ausgeübte Gravitationskraft. Dies erklärt, weshalb Objekte zu schweben beginnen, sobald sie von der Anziehungskraft der Erde befreit sind. Sicherlich kennst du Bilder von schwebenden Kosmonauten in ihren Raumschiffen, die den Bereich des Schwerefelds der Erde verlassen haben. Auch Gewicht ist in diesem Sinne nur relativ.

Nun wenden wir uns dem zu, was du als „Empfinden" bezeichnest. Du magst sagen, dass du etwas als heiß, kalt, rau und so weiter empfindest. Dazu benutzt du eines deiner Sinnesorgane wie Zunge, Finger und so weiter. Wie zuverlässig sind diese? Wenn du beispielsweise aus einem hellen Außenbereich in einen verdunkelten Saal eintrittst, wirst du innen erst gar nichts sehen. Wenn du hingegen vor dem Eintreten das eine Auge schließt und es dann drinnen öffnest, wirst du innen mit diesem Auge sehen können, während du mit dem andern erst gar nichts siehst. So empfindest du also mit dem einen Auge Dunkelheit und erfährst Sehfähigkeit mit dem andern. Vorausgesetzt dass beide Augen normale Sehfähigkeit aufweisen, welches der beiden gibt also Auskunft über die wahren Verhältnisse oder Empfindungen? Gleichermaßen wenn du Zucker nach dem Genuss von Lakritze isst, wird jener weniger süß schmecken als gewohnt. Was ist aus der Süßigkeit des Zuckers geworden? Was ist aus deiner Fähigkeit geworden, Süßigkeit zu empfinden?

Solche Beispiele lassen sich unendlich vermehren. Doch ist wohl genügend klar geworden, dass das, was wir ganz selbstverständlich für die Wirklichkeit von Objekten oder die Unfehlbarkeit unserer Sinneserfahrungen halten, als Konstrukt unseres Geistes, unserer Gedanken und unseres Empfindens auf einer Illusion beruht.

Damit soll die Existenz von Objekten oder unsere Fähigkeit, diese wahrzunehmen, nicht bestritten werden. Wir sollen hingegen verstehen, dass die Welt nur in relativer Weise wirklich ist und nicht im absoluten Sinn. Dennoch ist die relative Wirklichkeit wesentlich, insofern sie unser Funktionieren in der Welt betrifft; weder mehr noch weniger. Wenn wir unglücklicherweise dem Irrtum verfallen, sie für die absolute Wirklichkeit zu halten, liegt darin unser ganzes Elend.

Da dein Geist wissenschaftlich geprägt ist, vergleiche ich die Notwendigkeit, die relative Wirklichkeit der Welt zu akzeptieren, mit der

Annahme der Newtonschen Gesetze als Erklärung für viele Phänomene der sichtbaren Welt oder sogar der atomaren Ebene. Wenn wir allerdings in die subatomare Dimension vorstoßen, erweisen sich dieselben Gesetze als unzureichend, wenn nicht vollständig nutzlos.

Der moderne Geist neigt stark dazu, zu verwerfen, was die alten Weisen und Heiligen über die Substanzlosigkeit der Welt feststellten – im Gegensatz zur heutigen Wissenschaft, die diesen Erkenntnissen zugeneigt ist. Wie sonst hätte ein Physiker vor wenigen Jahren sagen können: „Unser Verständnis von Substanz ist nur so lange lebensfähig, wie wir es nicht in Frage stellen. Es beginnt zu schwinden, wenn wir es analysieren .... Die solide Substanz der Dinge ist eine Illusion Wir sind der Solidität der Substanz vom Atom zum Elektron nachgegangen; dort haben wir sie verloren."

Diese Unsicherheit bezüglich der wirklichen Natur der objektiven Welt wird als die große Illusion bezeichnet. Nur ihre bloße Existenz kann bestätigt werden; nicht aber die Form, in der sie zu existieren scheint.

Die absolute Wirklichkeit hinter diesen Illusionen mag als etwas Abstraktes erscheinen, doch sie ist nur insofern abstrakt, als sie für unsere auf die praktischen, jedoch illusorischen Notwendigkeiten der Alltagswelt konditionierten Sinne unerreichbar ist. Nach unseren Schriften und Weisen ist diese Abstraktheit, *Brahman* genannt, die einzig wahre Wirklichkeit, die einzige wahre Existenz. Unser Verstand vermag einen Schritt weiter zu gehen als unsere Sinne, um zu verstehen, dass *Brahman* nicht intellektuell begreifbar ist. Das reine Sein, *Brahman*, seit jeher hinter den ständig wechselnden Formen oder der Substanzlosigkeit der Welt gegenwärtig, ist nur in tiefer Meditation erfahrbar, jenseits von Intellekt und Verstand, wenn die Gedanken vollständig zur Ruhe gekommen sind.

„Dies", verkünden die *Rishis*, „bist du", nachdem sie verstanden haben. Doch eigentlich, gibt es kein „Du"; allein „Dies" existiert.

(Eine Methode, „Dies" – die absolute Wirklichkeit oder *Brahman* – zu erreichen, ist in der zum *Atharvaveda*[55] gehörenden *Māndūkya - Upanishad* auf wirkungsvolle Weise beschrieben. Auch wenn die *Māndūkya-Upanishad* mit lediglich 12 Strophen die kürzeste der 108 bekannten Upanischaden ist, führt sie die Suchenden doch zur Wirklichkeit, indem sie ihnen systematisch den Weg zum inneren Göttlichen weist. Da diese Upanischade durch die klare Analyse der verschiedenen Bewusstseinszustände den nötigen intellektuellen Hintergrund für die Entfaltung eines höheren Lebens liefert, spricht sie auch Menschen an, die gegenüber den üblichen Anschauung der Religionen skeptisch sind. Es folgt eine Darlegung durch meinen Meister – M.)

M: *Sir, ich hatte Gelegenheit, die* Māndūkya-Upanishad *zu studieren, und ich weiß, dass die Erläuterungen in* Gaudapādas Kārikā[56]*, erschöpfend sind. Doch ist es mir nicht gelungen, die Aussagen vollständig zu begreifen; speziell betreffend die verschiedenen Zustände des Bewusstseins.*

Meister: Ich beginne wieder mit einer Geschichte als erstem Schritt der Erklärung.

König Janaka, der als *Rāja-Rishi* – Weiser unter seinesgleichen – bekannt war, hatte einst einen Traum. Ihm träumte, dass er als Bettler mit seiner Schale umherwanderte, hungrig, müde und in zerfetzten Kleidern. Beim Erwachen fand er sich mitten im Glanz seines Palastes wieder.

Das brachte ihn zu der Frage: „Bin ich ein Bettler oder ein König?" Im Traum hatte er sich zweifellos als Bettler erfahren. Die Gefühle von Hunger und Erschöpfung waren nicht weniger wirklich als die Pracht des Palastes beim Erwachen. Da es ihm nicht gelang, das Rätsel zu

---

55 Jede der vier Veden, das sind *Rigveda, Sāmaveda, Atharvaveda* und *Yayurveda*, umfasst vier Textschichten, nämlich *Samhitās* (Hymnen), *Brāhmanas* (Ritualtexte), (Waldtexte) und als letzten Teil die *Upanishads* (philosophische Lehren).

56 Gaudapāda: großer Meister des 6. Jahrhunderts. *Kārikā*: Erläuterungen (hier: Gaudapādas Kommentar zur *Māndūkya-Upanishad*).

lösen, suchte er den Rat seines Lehrers, des großen Weisen Yājñavalkya. Dieser erklärte ihm die verschiedenen Zustände des Bewusstseins, welche die Welt als wirklich, unwirklich oder nicht existierend erscheinen lassen. Obwohl diese Geschichte sich nicht direkt auf die *Māndūkya-Upanishad* bezieht, ist der Gegenstand derselbe; mit dem Unterschied, dass Letztere ausschließlich die verschiedenen Bewusstseinszustände zum Thema hat.

Nun höre gut zu: Die verschiedenen Bewusstseinszustände heißen *Jāgrat-Avasthā*, Wachzustand, *Svapna-Avasthā*, Traumzustand, *Supta-Avasthā* oder *Sushupti*, Tiefschlaf, und schließlich *Turīya-Avasthā*, der transzendentale Zustand, jenseits der anderen drei.

Das Bewusstsein funktioniert in allen der drei ersten Zustände. Ist man wach, erscheint der Traum als unwirklich. Im Traum hingegen existiert nichts außerhalb von dessen Wirklichkeit. Diese ist so unmittelbar, dass die Sinne hellwach sind und alle Emotionen hautnah erfahren werden. Im Traum lachen die Menschen; sie weinen, kämpfen und haben Sex. Kurzum, die Traumwelt ist eine in sich wirkliche Welt. Weil der Wachzustand länger dauert als der Traumzustand, halten wir ihn für wichtiger und wirklicher. Außerdem besteht im Traumzustand kein Bewusstsein des Unterschieds zum Wachzustand. Im traumlosen Tiefschlaf wird keiner der drei Zustände bewusst wahrgenommen, so als existiere gar kein Bewusstsein.

Während die subtilen Sinnesorgane des feinstofflichen Körpers im Traumzustand die Aktivitäten der fünf Sinnesorgane nachahmen (sehen, spüren, hören und so weiter), stellen im Tiefschlaf nicht nur die Sinnesorgane – physisch und subtil – sondern auch das Bewusstsein ihre Funktion ein. Das *Ahamkāra* – frei übersetzt als Ego, Individualität oder Ich-Bewusstsein – richtet sich im Tiefschlaf ausschließlich nach innen und verfolgt den Weg zurück zu seinem subtileren Aspekt, *Buddhi* genannt, dem menschlichen Erkenntnisvermögen mit der ihm innewohnenden Gewissheit des „Ich bin". Da das *Ahamkāra* sich im Tiefschlaf der Wahrnehmung entzieht, wird das Gefühl des „Ich bin" nicht bewusst erfahren.

Im Tiefschlaf scheinen alle Erfahrungen der Wach – und Traumzustände verschwunden zu sein. Das Bewusstsein erfährt Frieden und Glückseligkeit, ohne durch die äußere Sinneswelt oder die innere Traumwelt bedrängt oder berührt zu werden. Das Paradox dieses Zustandes besteht darin, dass wir bei dem Versuch, diese Erfahrung zu analysieren, nicht wissen können, ob wir bewusst oder unbewusst waren. Man kann einzig sagen, dass es sich um inhaltsloses, negatives oder seiner selbst nicht gewahres Bewusstsein handelt. Du kannst dich allerdings fragen, ob es während des Tiefschlafs überhaupt ein Frieden und Glückseligkeit empfindendes Bewusstsein gebe. Doch, wie könnte es bei totaler Abwesenheit eines Bewusstseins sein, dass wir beim Aufwachen nachspüren und sagen können: „Ich hatte einen wunderbaren, ungestörten Schlaf"? Zweifellos war während des Tiefschlafs „etwas" vorhanden: eine Fähigkeit, den Zustand von Stille zu erfahren und diesen von den Erfahrungen des Wach- und Traumbewusstseins zu unterscheiden.

Turīya, der vierte Zustand, unterscheidet sich grundsätzlich von den ersteren drei. Er ist in allen Zuständen gegenwärtig; sogar in jenem Zustand reinen Bewusstseins, wenn *Ahamkāra,* der Einfluss des Ich, abgefallen ist. Dieses, auch *Ātman* oder universales Selbst genannte Bewusstsein, ist der einzige Zeuge sowohl der Wach-, Traum- und Tiefschlaf-Zustände als auch aller veränderten Bewusstseinszustände wie Trance, *Samādhi,* und so weiter, wie erhaben diese auch immer sein mögen.

In *Turīya* befindet sich das Bewusstsein in seiner ursprünglichen Reinheit und unterscheidet sich durch nichts vom alles durchziehenden universalen Bewusstsein, *Brahman.*

So sagt der *Rishi,* „Ayam Ātmā Brahma", „Mein *Ātman*[57] ist Brahman" und meint damit die Erlangung jenes Bewusstseins, das mit der Feststellung „*Aham Brahmāsmi*", „Ich bin *Brahman*", gemeint ist. Niemand

---

57 Die unsterbliche, immaterielle „Seele". In der Erlösung vereinigt sich Ātman mit Brahman, dem absoluten Höchsten, das allem zugrunde liegt.

kann für sich „*Aham Brahmāsmi*" erklären und zugleich ein begrenztes menschliches Wesen bleiben; denn, wo noch immer der geringste Rest von Ich-Einfluss vorhanden ist, kann es kein absolutes *Brahman* geben.

Es ist wichtig, nochmals nachdrücklich darauf hinzuweisen, dass *Turīya* mit den Zuständen von Wachheit, Traum und Tiefschlaf nicht vergleichbar ist. In allen diesen drei Zuständen besteht ein Gefühl von Ich-Identität; es gibt ein Subjekt und ein Objekt – einen Erfahrenden und eine Erfahrung –, auch wenn diese Unterscheidung im Augenblick der Erfahrung nicht bewusst oder manifest ist. In *Turīya* gibt es keine Trennung zwischen Erfahrendem und Erfahrung oder zwischen Subjekt und Objekt; damit entfällt ihr Potenzial für Störungen und Veränderungen. In den anderen drei Bewusstseinszuständen, schließt das jeweilige Bewusstsein die beiden anderen aus. So ist die Wirklichkeit des Wachzustandes im Traumzustand nicht vorhanden und umgekehrt: Der König wird zum Bettler und der Bettler zum König. Im Zustand von *Turīya* werden die erfahrenden getrennten Selbste vom universalen Selbst oder *Ātman* umfasst. Wer *Turīya* erlangt hat oder darin aufgegangen ist, kann die Gegenwärtigkeit des *Ātman* in allen Zuständen wahrnehmen, indem er sich in ihr relatives Bewusstsein hinabbegibt. Für den unsterblichen, ewigen *Ātman* sind diese drei Zustände bloße Illusionen, wie verschiedene, sich auf der gleichen Projektionsfläche bewegende Bilder.

Derjenige ist ein wahrer *Sannyāsin* oder Asket, der sich von nichts irritieren lässt und, ungeachtet von Aktivität oder Inaktivität, in der Glückseligkeit des *Brahman* gegründet ist. Nur er ist vollständig entspannt und in Frieden, denn sein Bewusstsein befindet sich jenseits des Tiefschlafs, und er ruht als Zeuge des Ansteigens und Niedersinkens der Wellen von Schöpfung und Auflösung in jener Ruhe, welche die Wurzel aller Aktivität ist.

Für einen in *Turīya* gegründeten Menschen ist deshalb die ganze Welt der Erfahrungen wie ein langer Traum, aus dem er eben aufgewacht

ist. Er steht im Angesicht der höchsten Wirklichkeit, jenseits aller Träume; tatsächlich ist er selbst die Wirklichkeit.

Mein *Guru* hob an: Heute werden wir die Frage des yogischen Auges diskutieren und du wirst einiges mehr über das Bewusstsein und darüber erfahren, wie das selbe Bewusstsein, das dich bindet und konditioniert, auch den Kanal, durch den Energie im Überfluss aus dem kosmischen Generator fließt, zu öffnen vermag.

Ich beginne wieder mit einer Geschichte; Geschichten sind als erklärende Bilder wunderbar geeignet. Sogar kleine Kinder können sie verstehen.

Eines Tages schleppte sich ein alter verschrumpelter, in Lumpen gekleideter Mann mühsam entlang einer verkehrsreichen Straße in der Großstadt. Er war so ausgemergelt und schwach, dass jeder seiner Schritte wie ein schmerzhaftes Martyrium wirkte. Plötzlich brauste ein Auto heran und bremste mit kreischenden Reifen und lautem Gehupe direkt hinter ihm. Da geschah fast so etwas wie ein Wunder: Der alte Mann, der vor Sekunden noch ausgesehen hatte, als würde er jeden Augenblick hinfallen und sterben, sprang auf den Fußweg, in sichere Distanz und außer Reichweite des Autos.

Wie war ihm dies möglich? Einen Augenblick zuvor hatte er noch keine Ahnung von der herannahenden Gefahr, um sich in Sicherheit bringen zu können. Was also rettete ihn? Es war die reflexartige Reaktion innerhalb eines Sekundenbruchteils. Die Anweisung „Spring und rette dein Leben" muss vom höchsten Regisseur her in sein Hirn geblitzt sein, und sie wurde augenblicklich in seine Glieder weitergeleitet. Adrenalin wurde unmittelbar freigesetzt, und seine Muskeln reagierten entsprechend.

Der wesentliche Punkt ist hier, dass es keinerlei Einwirkung seitens des konditionierten Bewusstseins oder eines auf Erfahrung gegründeten Gedankenablaufs gab. Hätten Gedanken sich eingemischt, hätte er nicht außer Reichweite der Räder springen können. Statt dessen wäre er noch immer mit dem Gedanken beschäftigt: „Wie kann ich, ein alter, schwacher Mann, mich davor retten, überfahren zu werden, wenn ich nicht einmal über genügend Kraft verfüge, um mich fortzubewegen?"– während das Fahrzeug ihn unter seinen Rädern zerquetschte.

In dieser Notsituation erreichte ihn die Botschaft „Spring!" unmittelbar, ohne von Gedanken berührt oder beeinflusst zu sein. Er bezog, wenn auch unwissentlich, Energie direkt aus dem kosmischen Generator.

Was diesem Mann unbeabsichtigt gelungen ist, gelingt dem *Yogi* aus eigener Absicht. Er kennt die Technik, die ständigen Vibrationen oder Wellen der Gedankentätigkeit zu zügeln, und er vermag sich, wann immer er es als notwendig empfindet, dem Energiefluss aus dem kosmischen Bewusstsein zu öffnen. Dies ist das Geheimnis des ersten Satzes der *Yoga-Sūtras des Patañjali*, eines Meisterwerks des *Yoga: „Yogas chitta vritti nirodha."* – „*Yoga* ist die Aufhebung der *Vrittis,* der störenden Wirbel, des *Chitta,* der Gedankenflüsse." So erreicht er den Zugang zur kosmischen Quelle von Weisheit und Energie. Dabei entwickelt er nicht allein die Fähigkeit zum Empfang von Informationen, sondern gleichzeitig auch zur Übermittlung von Botschaften an die vierte Dimension und zum Empfang von Antworten.

Das Hauptzentrum, von dem er dazu Gebrauch macht, ist das Gehirn als Sitz des Bewusstseins; speziell der beiden wichtigen, in yogischer Sprache als *Ājñā-Chakra* und *Sahasrāra-Chakra* bezeichneten Hirnzentren. *Chakra* bedeutet wörtlich Rad; hier verstanden als strudelartiges Energiezentrum, als Verbindungsstelle, wo Hellsichtige die kosmische Energie als konstanten, Myriaden von Farben hervorbringenden Wirbel wahrnehmen können. Es sind diese beiden Zentren, die der kosmischen Energie zum Eintritt in den menschlichen Körper dienen.

Die *yogische* Anatomie ordnet jedes der sieben Haupt-*Chakras* einem entsprechenden Nervengeflecht auf der Wirbelsäule des menschlichen Organismus zu, die hier als zentraler Kanal, *Sushumnā - Nādī,* bezeichnet wird. Eine Ausnahme bilden die beiden oberen

Chakras. Diese sind eng mit den Funktionen zweier winziger endokriner Drüsen im Gehirn verbunden: der Hypophyse (Hirnanhangdrüse) und der Epiphyse (Zirbeldrüse).

Diese *Chakras* sind, von unten her beginnend, das *Mūlādhāra-Chakra* an der Basis der Wirbelsäule, das *Svādhisthāna-Chakra* leicht darüber, das *Manipūra-Chakra* auf Höhe des Bauchnabels, das *Anāhata-Chakra* auf der Höhe des Herzens, das *Vishuddha-Chakra* im Nackenbereich sowie die von mir zuvor genannten *Chakras Ājñā* und *Sahasrāra.*

Ich werde dir nun das Geheimnis des *Laya-* oder *Kundalinī- Yoga* erklären.

Jedem menschlichen Wesen wohnt auch der negative Aspekt der kosmischen Energie inne. Sie wird *Kundalinī-Shakti* genannt und ruht in symbolischer Schlangengestalt, drei-und-ein-halb-mal aufgewickelt, im *Mūlādhāra-Chakra* an der Basis der Wirbelsäule. Normalerweise ist sie nicht aktiv, doch machtvoll gegenwärtig, wie eine gespannte Feder. Anders beim *Yogi,* der die Technik beherrscht, sie zu erwecken. Durch die Anwendung dieser Technik, die nur direkt durch einen *Guru* und nicht durch andere Mittel erlernbar ist, gelingt es dem *Yogi* mittels anhaltender Übung, die *Kundalinī zu* erwecken und nach oben zu führen. Dabei durchdringt sie vom *Mūlādhāra-Chakra* aus *Chakra um Chakra,* um schließlich das *Chakra* an der Schädeldecke zu erreichen.

Indem die *Kundalinī* jedes der *Chakras* durchdringt, werden die Kanäle von allen Unreinheiten befreit, die sie verstopft hatten, und der Verbindungskanal zur kosmischen Intelligenz wird geöffnet. Dem *Kundalinī* eröffnen sich beim Aufsteigen der *Kundalinī* und bei jeder Öffnung eines *Chakras* immerzu neue Dimensionen von Kräften; seine Verbindung zur kosmischen Energie wird inniger und er erlangt die Fähigkeit, Wunder zu wirken.

In der yogischen Sprache werden die durch ihn manifestierten Kräfte *Siddhis* genannt. Als vollkommene *Siddhas* gelten jene, deren *Kundalinī* das *Sahasrāra-Chakra* geöffnet hat und die dadurch die Fähigkeit erlangt haben, die kosmische Energie zu erschließen.[58]

Nun werde ich dir mehr über das *Ājñā-* und das *Sahasrāra-Chakra* berichten. Diese beiden *Chakras* sind die wichtigsten, denn sie haben einen unmittelbaren Bezug zum Wissen. Das *Ājñā-Chakra* befindet sich im Stirnbereich, direkt hinter der Mitte zwischen den Augenbrauen. Es wird auch *Trikuta* oder *Bhrūmadhya* genannt und ist durch das dritte Auge von Shiva symbolisiert, der wiederum für Transformation und Erneuerung steht. Durch die Aktivierung dieses Zentrums wird der praktizierende Yogi hellsichtig. Er erwirbt die Fähigkeit, das *Chakra* als Instrument zur Wahrnehmung subtiler Kräfte in Dimensionen jenseits der Sinnenwelt zu benutzen.

So, wie ein Tropfen sich unter dem Mikroskop als komplexes, in unaufhaltsamer Bewegung befindliches System von tanzenden Partikeln erweist, enthüllt das Universum seine Mysterien dem Yogi, der von der speziellen Wahrnehmungsfähigkeit seines *Ājñā-Chakra* Gebrauch macht. Er bekommt Zugang zu einem Wissen, das dem gewöhnlichen Menschen verschlossen bleibt. Gleichzeitig wirkt das Ājñā-*Chakra* auch als Sendestation, von der aus der Yogi Mitteilungen in Form von Gedankenwellen an andere Menschen oder höher entwickelte, in anderen, subtilen Sphären beheimatete Wesen übermitteln kann.

Das *Sahasrāra-Chakra* ist das höchste Zentrum und fungiert als Empfangsstation für alle Mitteilungen jener höher entwickelten spirituellen Wesen, die das kosmische Theater in Gang halten.

---

58 Die Ausübung dieser Praktiken lässt sich nicht schriftlich übermitteln. Es braucht dazu die direkte persönliche Vermittlung durch einen Lehrer. Sie müssen von einem vollkommenen Eingeweihten gelernt werden. Ich wurde von meinem *Guru* gewarnt, dass das Erlernen der Techniken durch Bücher oder anderes Sekundärmaterial für den Neuling gefährlich sei. In seinen Worten: „Bedenke, dass der Yogi mit Kräften spielt, die mächtiger sind als elektrische oder atomare Energie; eine falsche Bewegung kann ihn physisch oder mental zerstören."

Deshalb ist der Yogi, dessen *Kundalinī* dieses Zentrum erreicht und aktiviert hat, in der Lage, sich direkt mit der höchsten Intelligenz des Universums zu verbinden; er wird sich dann in einem *Samādhi* genannten Trancezustand befinden.

Dies ist die Ursache jener immensen Weisheit, über die große, oft als Analphabeten betrachtete Yogis verfügen, nachdem sie *Samādhi* erreicht haben. Die üblicherweise als funktionsloses, verkümmertes Organ missverstandene Zirbeldrüse spielt eine wesentliche Rolle bei der Aktivierung des *Ājñā-Chakra* und des *Sahasrāra-Chakra*. Über den Umgang mit diesen Energien werde ich dir später mehr sagen. Wesentlich ist jetzt, nicht aus den Augen zu verlieren, dass die Kundalinī-Praxis unmittelbar mit der Sublimierung der sexuellen Energien verbunden ist. Dies darf jedoch nicht durch Unterdrückung, Verdrängung oder andere gewaltsamen Methoden geschehen.

M: *Die praktischen Übungen, die Sie mich in Bezug auf Kundalinī-Yoga gelehrt haben, bestehen zu einem großen Teil aus Visualisierungen. Man muss sich dabei so viele Dinge vorstellen. Nun frage ich mich, ob ich mich durch die Entwicklung der Vorstellungskraft nicht von der Realität trenne und in eine ewige Traumwelt befördere? Ist die Gabe der Vorstellung ein Zeichen geistigen Fortschritts oder Dekadenz? Ich bitte um Klärung.*

Meister: Der Gedanke ist die Mutter aller Aktivität. So ist auch die Vorstellung oder Visualisierung der Schlüssel zu allem Gelingen.

Vorstellungskraft ist nicht das Zeichen eines kranken Geistes, sondern im Gegenteil das Zeichen eines gesunden und reichen Bewusstseins. Nur wenn sie außer Kontrolle gerät und ihr gestattet wird auszuschweifen, wird sie schädlich. Kontrollierte und überlegte Vorstellung ist vielmehr das Merkmal des Genius. Große Wissenschaftler, Künstler und eigentlich alle Menschen auf sämtlichen Gebieten menschlichen Strebens, hatten jederzeit eine reiche Vorstellungskraft. Am Uranfang jeder schöpferischen Unternehmung steht eine Vorstellung.

Der Maler zum Beispiel stellt sich jedes Detail vor, bevor er es auf die Leinwand bringt. Frage einen erfolgreichen und wohlhabenden Menschen, und er wird dir erzählen, wie er sich in den Zeiten seiner Armut das Haus vorstellte, in dem er wohnen, das Auto, das er fahren, die Kleider, die er tragen, das Geld mit dem er umgehen werde, wenn er dereinst zu Vermögen gekommen sein würde. Indem er diese Bilder ständig in seinem Bewusstsein hielt und konsequent an der Umsetzung der aus seinem Unbewussten aufblitzenden, seine Bilder nährenden Ideen arbeitete, verwandelten sich seine Träume in Wirklichkeit. Dies gilt für die Welt der Sinne.

In der subtilen Welt tritt das Resultat augenblicklich ein – man braucht nicht lang darauf zu warten. Jeder vorübergehende Gedanke hinterlässt seinen Eindruck in der unsichtbaren uns umgebenden feinstofflichen Welt. Wenn ein Bild in allen Details – Farbe, Form, Gestalt und so weiter – absichtsvoll kontempliert wird, entsteht in der subtilen Welt, die wir auch die astrale Welt nennen, ein starkes Bild. Ist dieses kraftvoll genug, können damit sogar Wesen in der grobstofflichen Welt beeinflusst werden. Große *Yogis* erschaffen hilfreiche Gedankenformen und senden sie jenen Menschen zu, die ihrer bedürfen. Schwarze Magier benutzen bösartige Gedankenformen, um ihre Opfer zu ängstigen oder sogar zu töten. Allerdings ist nur der Yogi, der die höchste Ebene erreicht hat, in der Lage, seine Vision durch einfaches Denken in physische Wirklichkeit umzusetzen. Solche Menschen sind selten und sollten nicht mit Tantrikern verwechselt werden, die Gegenstände von einem Ort zum andern versetzen, oder mit Magiern, die lediglich Taschenspielertricks vorführen. Die seltenen gottbegabten Menschen werden jedoch in der Regel ihre Kräfte nicht demonstrieren, es sei denn unter gewissen spezifischen Voraussetzungen.

Entwickle deshalb die Gewohnheit, jeden Morgen beim Aufstehen gute und schöne Objekte vor deinem inneren Auge zu visualisieren – eine voll erblühende Rose beispielsweise, oder das Schriftzeichen für „*Aum*", elektrisch-blau oder goldfarben – und dabei mental Glück und Wohlwollen mit der ganzen Welt zu teilen.

Visualisiere deine Wünsche detailgenau, und du kannst sicher sein, dass sie sich realisieren werden. Doch visualisiere niemals Schaden zulasten anderer, denn damit würdest deine eigene spirituelle Entwicklung blockieren und auf der Leiter der spirituellen Evolution einige Stufen zurückfallen. Du kannst dich in einen Zustand von Glück oder Unglück hinein visualisieren; die Wahl liegt bei dir.

M: *Meine Zweifel bezüglich der Imagination sind geklärt. Doch bin ich ratlos angesichts der **yogischen** Feststellung: „In tiefer Meditation werden Meditierender und Objekt der Meditation eins." Wie kann ich mit einem Baum eins werden, indem ich ihn kontempliere?*

Meister: Wie viele andere auch, hast du die Bedeutung dieses Satzes missverstanden.

In der Meditation unterscheiden wir drei Phasen. In der ersten Phase, *Dhāranā,* konzentrieren wir uns auf einen speziellen Gegenstand. Wenn der ruhige Fluss der Konzentration während längerer Zeit aufrechterhalten wird, befinden wir uns in *Dhyāna.* Der Höhepunkt von *Dhyāna* ist *Samādhi,* ein Zustand, in dem der Meditierende sich selbst vergisst. In seinem Bewusstsein existiert nichts außer dem Objekt der Betrachtung. In diesem Zustand enthüllt sich der Gegenstand der Meditation Schicht um Schicht, und der *Yogi* erkennt ihn in all seinen Aspekten und Verästelungen.

Jene, die den Pfad der Unterscheidung beschreiten, die *Jñāna-Yogis,* interpretieren dies auf etwas andere Weise. Nach ihrem Verständnis sind Erfahrung und Erfahrenes eins geworden.

Lass mich, um dies noch deutlicher zu machen, dir einige Fragen stellen: Was beispielsweise geschieht, wenn du über *Aum* meditierst.

M: *Ich schließe die Augen und stelle mir in meinem Herzen ein goldenes „Aum" vor .*

Meister: Wer ist es, der sich das „Aum" vorstellt?

M: *Ich, in meinem Bewusstsein.*

Meister: Wenn du „ich" sagst, beinhaltet dies nicht auch die ganze

Ansammlung von Gedanken, die dein Bewusstsein ausmachen: deine vergangenen Erfahrungen, deine Emotionen, deine Reaktionen und so weiter?

M: *Ja, so ist es.*

Meister: Ist dann nicht auch das visualisierte „*Aum*" eine weitere Gedankenform: ein Inhalt deines Bewusstseins?

M: *Ja.*

Meister: Handelt es sich nicht einfach um eine künstliche, durch dein Denken erzeugte Trennung, wenn du zwischen deiner, von dir „Ich" genannten Ansammlung von Gedanken und dem visualisierten „*Aum*" einen Unterschied machst? Sind nicht beide, Erfahrung und Erfahrenes, Bewusstseinsinhalte? Wo ist dann der Unterschied zwischen Erfahrung und Erfahrenem? Sie sind wesensgleich–Bewusstsein–eine Ansammlung von Gedanken.

M: *Ich verstehe das. Wenn die künstliche Trennung wegfällt, bleibt allein das Feld, in dem die vielen Gedanken erscheinen und verschwinden. Und, wenn ich dem Erscheinen und Verschwinden der Gedanken zuschaue – in vollem Bewusstsein, als Zuschauer lediglich Teil jener unendlichen Welle von Gedanken zu sein –, sollte ich ruhiger werden, als ich es je zuvor war.*

(In diesem Augenblick glitt ich ohne bewusste Absicht in einen meditativen Zustand, an dessen Dauer ich mich nicht zu erinnern vermag. Die unendlichen Gedankenwellen müssen ihre Identität verloren haben und in der Quelle ihres Ursprungs aufgegangen sein, denn als ich aus diesem Zustand herauskam, fühlte ich eine unaussprechliche und überschwängliche Glückseligkeit voller Stille und Frieden. Mein *Guru* muss mich beobachtet und meinen Zustand erkannt haben, denn seine nächsten Worte waren: „Sei gesegnet. Erfreue dich weiterhin des Ozeans von Frieden, im Wissen darum, dass auch du lediglich ein Aspekt des Gedankenfeldes bist, das wir Bewusstsein nennen, und dass du deine endliche Identität verlieren wirst. Nur die unendliche, gedankenfreie Wirklichkeit wird zurückbleiben: höchster Frieden.")

M: Prānāyāma *gilt als wichtige Unterstützung der Meditation. In welcher Weise fördert es den Yogi?*

Meister: Indem du *Prānāyāma* lediglich mit Meditation und yogischen Übungen assoziierst, hast du den Kern eines wesentlichen Missverständnisses berührt; es handelt sich um einen verbreiteten Irrtum. Ein weiteres Missverständnis ist, sich *Prānāyāma* als schwierige und oft gefährliche Praktiken des *Hatha-Yoga* vorzustellen. Ich will klarstellen, dass es sich bei *Prānāyāma* um eine eigentliche Wissenschaft handelt, die in ihrer wahren Form allgemein praktiziert werden sollte. Sie hilft nicht allein dem *Yogi*.

Bevor ich dir einige praktische Hinweise gebe – um die viele Studierende nicht wissen –, will ich dir sagen, dass viele der Geheimnisse des *Prānāyāma* auch im Interesse materiellen Wohlbefindens anwendbar sind. Wenn du dich wunderst, dass eine Praktik, die materielle Vorteile anstrebt, zugleich für den spirituellen Fortschritt günstig sein kann, solltest du verstehen, dass die vedischen Lehren sich nicht, wie oft angenommen, ausschließlich mit der spirituellen Erlösung, Befreiung oder *Moksha* befassen. Sie handeln ebenso von *Dharma*, dem Streben nach Rechtschaffenheit, wie von *Artha*, dem Erwerb von Wohlstand, als auch von *Kāma*, Begehren und Vergnügen. Es geht um das Wie und Warum des guten Verhaltens – ob als Hausherrin und Hausherr oder als *Sannyāsin* – sowie des guten Lebens unter Einschluss von Handel und Wirtschaft und jeder anderen zu materiellem Wohlergehen und der legitimen Befriedigung von Wünschen beitragenden Aktivität.

Gemäß der vedischen Tradition ist die Lebensspanne des Menschen in vier *Āshrama* genannte Phasen eingeteilt. Während der ersten Phase, *Brahmacharyāshrama,* vertraut sich der Mensch einem oder mehreren Lehrern an, um all das zu lernen, das ihn auf die nächste Phase, *Grihasthāshrama,* vorbereitet. Nun ist er ganz ins Leben eingetreten, was Heirat, Kinder, Verdienen des Lebensunterhalts und so weiter bedeutet. Sind die weltlichen Pflichten einmal erfüllt und stehen die Kinder auf eigenen Füßen, suchen Mann und Frau zusammen einen Ort der Einsamkeit, *Vana,* auf – einen Wald beispielsweise –, um die Mysterien eines höheren, spirituellen Lebens zu kontemplieren. Diese Phase wird *Vanaprasthāshrama* genannt.

Die letzte Phase heißt *Sannyāsāshrama*. Hier entscheidet ein Mensch, der die Welt und deren subtile Sphären kontempliert hat und über ein mehr als nur intellektuelles Verständnis von der Substanzlosigkeit der Welt verfügt, dieser zugunsten eines Lebens, das ihn zur letzten Wirklichkeit führen möge, zu entsagen, während er seinen Körper als Bettler erhält.

Sannyāsa ist, wohlgemerkt, freiwillig gewählt; man ist in keiner Weise an diesen *Āshrama* gebunden oder dazu verpflichtet. Viele spirituelle Koryphäen sind bis zum Ende ihrer irdischen Existenz Familienväter geblieben. Wenn ein Mensch sich kraft seiner Losgelöstheit und Abgeklärtheit für *Sannyāsa* entschied, erhielt er einen speziellen Platz in der Gesellschaft und wurde als göttlich betrachtet. Solch große Seelen hat es auch in jüngster Vergangenheit gegeben.

Die meisten Menschen haben alle diese Phasen zu durchleben. Es sind seltene Ausnahmen, welche – nachdem sie ihre karmischen Prägungen aufgelöst haben – die beiden Zwischenstadien überspringen und direkt aus Brahmācharya in *Sannyāsa* übergehen.

Die wirkliche Wissenschaft des *Prānāyāma* meint nicht die gewaltsame Kontrolle oder das Anhalten des Atems; es geht um das Studium der Gesetzmäßigkeiten, nach denen der *Prāna* oder die Lebensenergie im Körper wirkt und ihn physisch, mental und spirituell beeinflusst. Wenn du dir vor Augen hältst, dass *Prāna* nicht einfach ein- und ausgeatmete Luft ist, sondern eine den Körper erhaltende, magnetische kosmische Energie, wirst du verstehen, dass die korrekte Anwendung von hoher Bedeutung ist – spirituell wie auch weltlich. Mit anderen Worten: *Prānāyāma* ist nicht nur für jene von Bedeutung, welche die spirituelle Erlösung anstreben. Auch wer im täglichen Leben engagiert ist, kann aus der Praxis des *Prānāyāma* materiellen Nutzen ziehen. Durch eine kontinuierliche Praxis, die über das Erreichen des einmal angestrebten materiellen Wohlstandes hinausgeht, mag sich dank des richtigen Umgangs mit dem *Prāna* nach und nach ein Feld spirituellen Strebens eröffnen.

Vergiss nicht, dass *Prāna* mehr ist als die ein- oder ausgeatmete Luft: Er ist bioelektrische kosmische Energie, die mit jedem Ein - und Ausatmen in den Körper ein- und aus ihm austritt. Wer um die Theorie und die Technik des *Prānāyāma* weiß, kann diesen Vorgang bewusst steuern. Die ätherische Energie, *Prāna*, durchdringt alle Feststoffe und Gase; sie ist allgegenwärtig. Der Körper absorbiert und verströmt diese Energie. Nach der yogischen Wissenschaft funktioniert der menschliche Körper aufgrund seiner bioelektrischen, in stetem Kreislauf befindlichen Energie wie ein aus zwei Polen bestehender Magnet, ähnlich einem magnetisierten Eisenstück. In der Senkrechten entspricht der Kopf mit der oberen Körperhälfte dem irdischen Nordpol und die untere Körperhälfte samt den Füßen, dem Südpol. Die rechte Körperseite wird als dem Nordpol zugehörige Seite betrachtet, während die linke mit dem Südpol korreliert. Dementsprechend werden die Vorder- und Rückseite des menschlichen Körpers der Ost- und Westseite zugeordnet. Deshalb ist die Ausrichtung, in der man arbeitet oder ruht wesentlich.

Wenn wir beim Schlafen unseren Kopf gegen Süden und die Füße gegen Norden richten, wird unser Schlaf spannungsfrei und erholsam sein, denn wir befinden uns in harmonischer Übereinstimmung mit dem Magnetfeld der Erde. Schläfst du hingegen in ost-westlicher Richtung, entsteht ein gestörtes Magnetfeld, das sogar deine Gesundheit und Langlebigkeit zu beeinflussen vermag. Wenn es jedoch um die Arbeit oder die Ausführung einer Arbeitshandlung geht, ist es günstiger, dafür die ost-westliche Ausrichtung zu wählen. Jede in einer nord- südlichen Ausrichtung ausgeführte Arbeit wird wirkungslos bleiben.

Ich werde dir nun über die Kanäle berichten, durch welche die bio-elektrische Energie fließt. Nach der *yogischen* Wissenschaft, speziell der *Shivasamhitā*, ist das Nervensystem ein subtil verwobenes Netzwerk von 72.000 Nerven oder *Nādīs*. Davon werden aus einem praktischen yogischen Gesichtspunkt lediglich drei als wesentliche Energiekanäle betrachtet: die *Sushumnā*, die *Idā* und die *Pingalā*.

Die *Sushumnā* ist das Organ, durch das die Energie geleitet wird. *Idā* und *Pingalā* koordinieren und regulieren sämtliche bewussten und unbewussten Funktionen des menschlichen Körpers, die ein Eingeweihter willentlich zu steuern vermag. Die mit dem Rückenmark verbundene *Sushumnā* ist der Zentralkanal, während *Idā* und *Pingalā* sich je auf einer Seite befinden. Die links von der *Sushumnā* befindliche *Idā* geht vom linken Nasenloch aus und die rechts der *Sushumnā* befindliche *Pingalā* vom rechten Nasenloch. Beide enden beim Steißbein oder dem *Mūlādhāra-Chakra*.

Damit ist ein wichtiges Geheimnis verbunden: Der Atem fließt bei keinem Menschen ständig durch beide Nasenlöcher. Der Fluss des Atems wechselt alle 90 Minuten zwischen den beiden Nasenlöchern ab. Die Yogis haben die Wichtigkeit dieses wechselnden Zyklus und dessen Einfluss auf die Bewusstseinszustände verstanden. Ich gebe dir einen Hinweis, was es damit auf sich hat.

Du wirst von den Erkenntnissen der neueren Neurowissenschaften über die Funktion der beiden Gehirnhälften gehört haben. So weißt du auch, dass die rechte Hemisphäre, welche die linke Seite des menschlichen Körpers steuert, die visuelle Vorstellung, Musikalität, intuitive Wahrnehmung und so weiter beeinflusst. Die linke Hemisphäre, welche die rechte Körperhälfte steuert, ist der Sitz von Fähigkeiten wie Spracherwerb, logisches und analytisches Denken, Rhythmusgefühl und so weiter. Durch die kontinuierliche Praxis von *Prānāyāma*, wird der *Yogi* befähigt, die einzelnen Hemisphären willentlich zu aktivieren. Auch du kannst diese Fähigkeit durch Übung erlangen.

✲ ✲ ✲

M: *Denken Sie, dass ich mit allem Wissen, das ich von Ihnen erworben habe, auf meinem Pfad vorankommen würde, wenn ich nicht großes Vertrauen in Sie hätte? Ich stelle diese Frage aus rein akademischem Interesse. Bitte, erhellen Sie mein Wissen um den angemessenen Platz des Glaubens im religiösen Streben.*

Meister: Glaube ist nichts Lächerliches. Die ganze Welt, einschließlich jener der Wissenschaften, ist zu einem wesentlichen Teil vom Glauben abhängig.

In der Schule lernst du aus deinen wissenschaftlichen Büchern vieles über das Universum. Da du nicht in der Lage bist, alles zu überprüfen, was darin vermittelt wird – zum Beispiel, dass in unserem Sonnensystem neun Planeten um die Sonne kreisen –, akzeptierst du es auf Glaubensbasis. Natürlich ist denkbar, dass du im Laufe deiner Entwicklung die Gelegenheit erhältst, selbst herauszufinden, ob sich dein früherer Glaube als Wahrheit bestätigen lässt, doch bis dahin verlässt du dich in deinem Glauben auf die Ernsthaftigkeit des Wissenschaftlers, der dies festgestellt hat, und auf das Lehrbuch, in dem du es liest.

Wäre es nicht närrisch, die Existenz der neun Planeten geradewegs abzustreiten, nur weil du sie nicht gesehen hast oder sehen kannst? Natürlich wird ein intelligenter Student dies weder einfach so annehmen noch ablehnen, sondern es im Vertrauen darauf akzeptieren, dass er dereinst Wege und Mittel finden wird, um sich aus erster Hand zu informieren.

Diese Art von Glauben wird auch vom ernsten religiösen Suchenden verlangt. Er braucht lediglich sein Urteil darüber aufzuschieben, was die Weisen über die Wahrheit gesagt haben, nachdem sie erfahren hatten, was jenseits des Erkenntnisvermögens des gewöhnlichen Menschen liegt. Bis er selbst so weit ist, sollte er versuchen, die außerhalb unserer Sinnesorgane und unseres konditionierten Denkens liegenden Fähigkeiten in sich selbst zu entwickeln. Wenn der Suchende dereinst den Zustand jenes Weisen erreicht haben wird, der seinerzeit eine unglaublich erscheinende Wahrheit verkündet hat, steht es ihm frei, diese zu akzeptieren oder zu verwerfen. Wer jedoch eine Feststellung ohne eigene Nachforschung verwirft, errichtet damit ein alles Wissen blockierendes mentales Hindernis. Wie soll man etwas suchen können, das man unbesehen geleugnet hat?

Aus diesem Grund fördert der Vedānta die gesunde Auseinandersetzung, und manche der Upanischaden benutzen die Form des Dialogs zwischen und unter verschiedenen *Rishis*, Lehrern und ihren Schülern. Diese Dialoge sind ernst zu nehmen, da es sich dabei um aufrichtige gemeinsame Anstrengungen zur Lösung eines spezifischen Problems handelt und nicht einfach um das Schwelgen in unnützer Sophisterei, das Demonstrieren des eigenen Wissens oder um müßigen Zeitvertreib. Echte Dialogkultur ist die Essenz des vedāntischen Studiums; sie dient den Suchenden zur Schärfung ihres Intellekts und unterstützt ihr Verständnis von Aspekten der feinstofflichen Natur.

Du sollst auch bedenken, dass das als „Glaube" ins Deutsche übertragene Wort im originalen Sanskrit *Shraddhā* heißt. Das Wort „Glaube" erfasst jedoch nicht die ganze Bedeutung von *Shraddhā*. Es gibt tatsächliche viele Ausdrücke im Sanskrit, die sich nicht eins-zu-eins übersetzen lassen. Zusätzlich zur Bedeutung von „Glaube" oder auch „Selbstvertrauen" ist hier auch eine Art zugespitzter Aufmerksamkeit gemeint: heilige Sorgfalt im eigenen Streben. Verfügt ein Mensch über den unerschütterlichen Glauben an seine Fähigkeit, sein spirituelles oder zeitliches Ziel zu verwirklichen, wird er sich nicht durch negative, seinen Willen schwächende und den Geist entmutigende Gedanken irritieren lassen. Unbeirrbar durch demoralisierende Gedanken, wird der an sich selbst glaubende Mensch seine Anstrengungen bis zum Schluss aufrechterhalten und das erreichen, wozu er sich auf den Weg gemacht hat.

Daher kommt das Wort vom Glauben, der Berge zu versetzen vermag. Diese Art von Glauben widerspricht nicht der Vernunft, sondern ergänzt sie. Glaube an die dir innewohnende Göttlichkeit, mein Sohn, und du wirst unmöglich Erscheinendes verwirklichen! Prüfe deinen Glauben sicherlich auch, indem du danach strebst, Informationen aus erster Hand zu sammeln und zu erfahren; dann werden diese Anwandlungen von Zweifel und Skeptizismus nach und nach verschwinden. Ein Mensch wird erst vollständig von sämtlichen Zweifeln befreit sein, nachdem er *Turīya* erreicht hat.

[Bis zu diesem Zeitpunkt waren fast zwei Wochen vergangen. Hätte ich wählen können, wäre ich bis zum Ende meines endlichen Lebens bei meinem *Guru* geblieben. Um die wenige verbleibende Zeit bestens zu nutzen, wollte ich unbedingt immer noch mehr von ihm lernen. Dies war seine Antwort auf mein Insistieren:]

Meister: Alles hat seine Grenzen, auch die Menge an Unterweisungen, die auf einmal gegeben werden können. Zu viel wäre Verschwendung, da dein Geist nicht fähig wäre, es zu verstehen; zu wenig würde hingegen den Eindruck erwecken, dass es nicht mehr an Wissen gibt und du damit allwissend bist. Dein Eifer, mehr zu lernen, zeigt, dass du um deine Unzulänglichkeiten weißt. Das ist ein gutes Zeichen, das Zeichen für einen ernsthaften Schüler.

Immerhin, bevor du gehst, erzähle ich dir eine Geschichte, die für alle ernsthaft Suchenden von großem Nutzen ist.

Es geht um Ānanda, den bedeutenden Schüler Buddhas. Trotz seiner Hingabe an seinen Meister war er eines Tages angesichts eines ihm unlösbar erscheinenden Problems außerordentlich aufgeregt und ratlos. Zweifel befielen ihn so sehr, dass er, abgesehen von der ihn beschäftigenden Frage der Schriftauslegung, begann, die gesamte Lehre seines Meisters in Frage zu stellen. Widersprüchliche Gefühle überschwemmten ihn, und als Reaktion auf seine Qual und Ruhelosigkeit begann er auf dem rauen Boden mit einer derartigen Intensität hin und her zu laufen, dass seine Füße zu bluten begannen. Doch er vermochte zu keiner Lösung des Problems zu kommen.

Der Buddha hatte ihn bereits eine Zeit lang beobachtet.
Bewegt vom inneren Aufruhr seines geliebten Schülers, winkte er ihn heran. „Ānanda", sagte er, ihn liebevoll ansehend, „hole deine *Vīnā*[59] und spiele mir eine liebliche Melodie vor. Entspanne dich jetzt. Wir werden dein Problem später angehen."

Ānanda war ein versierter Musiker. Er brachte seine *Vīnā* und

---

59 Altindisches, gezupftes Saiteninstrument.

wollte eben beginnen zu spielen, als ihn sein Meister unterbrach. „Lockere die Saiten“, sagte er. Ānanda war erstaunt über diese eigentümliche Anweisung, aber er gehorchte. „Jetzt spiele“, sagte der Buddha. „Wie soll ich spielen, wenn die Saiten nicht gespannt sind?“ fragte Ānanda. „Gut“, erwiderte der Buddha, „dann spanne die Saiten.“ Als Ānanda die Saiten wieder genügend gespannt hatte, um spielen zu können, und er beginnen wollte, hieß ihn der Buddha: „Spanne sie weiter an.“ „Dann werden die Saiten mit Sicherheit reißen, Meister“, sagte Ānanda.

Der große Meister lächelte. „Ānanda, ich habe keinerlei Bedürfnis, Musik zu hören. Wenn immer ich so etwas möchte, höre ich die Musik der Sphären. Ich habe dich nur durch dieses Hin und Her geführt, um etwas auf den Punkt zu bringen: Genauso wie die Saiten der *Vīnā* nur bis zu jenem optimalen Punkt gespannt werden sollen, der für die Musik zuträglich ist, soll der Geist nur so weit angespannt werden, wie es für seine optimale Funktion richtig ist – nicht mehr und nicht weniger. Ein fauler Geist wird – so wie die gelockerten Saiten nur dumpfe Geräusche produzieren – lediglich verschwommene und träge Gedanken erzeugen. Andererseits wird ein über seine Fähigkeiten angespannter Geist verkrampft sein, unfähig zu klarem Denken. Durch einen solchen Geist rauschen die Gedanken so schnell hindurch, dass sich kein sinnvoller Zusammenhang ergeben kann. Abgesehen vom fehlenden Zusammenhang, kann ein dermaßen getriebener Geist unter der Belastung kollabieren, wenn nicht gar dem Wahnsinn verfallen. Der Schlüssel zu klarem Denken und zur Problemlösung besteht in einer wachen und zugleich entspannten Geisteshaltung. Konzentration ist nicht Anspannung. Im Gegenteil: Sie ist nur möglich, wenn der Geist entspannt und aufmerksam ist.“

Ānanda hatte die Botschaft verstanden.

M: *Im Falle einer großen Seele wie Ānanda, dürfte es nicht mehr als ein Mal zu einer derartigen Geistesverwirrung gekommen sein, erst recht mit dem Erleuchteten als seinem Lehrer. Doch wie ist dies mit gewöhnlichen Menschen wie mir, die solchen Zweifeln häufiger ausgesetzt sind? Immer wieder habe ich das Gefühl, dass ich nicht vorankomme und die ganze Idee* *des spirituellen Fortschritts am besten aufgeben sollte, um ein sorgloses Leben zu führen. Wenn mich Zweifel befallen, komme ich mir entweder unfähig vor oder meine, dass ich meine Sādhanā nicht richtig ausführe. Es gelingt mir jeweils nur mit großer Willensanstrengung, wieder neu zu beginnen. Geschieht dies nur mir, oder geht es andern auch so? Bitte, sagt mir, was ich tun soll, wenn mich eine derartige Stimmung wieder im Griff hat.*

Meister: Mit diesem Phänomen bist du nicht allein. Jeder ernsthaft Suchende geht durch diese dunklen Stimmungen. Das sind die Mittel, mit denen die natürlichen negativen Kräfte die Ernsthaftigkeit des Suchenden prüfen. Auch große Heilige sind nicht von solchen Stimmungen verschont geblieben. Sorge dich nicht; diese Gestimmtheiten gehen vorüber. Aus spiritueller Sicht werden diese Zustände als „dunkle Nacht der Seele" bezeichnet.

Wenn eine solche Stimmung eintritt, meditiere ruhig, wiederhole das heilige *Aum* oder entspanne dich bei schöner, melodiöser Musik. Triff keine wichtigen Entscheidungen. Warte, bis dein Geist von Spannungen frei ist. Wer um die Geheimnisse des *Prānāyāma* weiß, kann sich aus diesem Zustand leicht befreien.

Nach der dunklen Nacht der Seele dämmert der klare Tag, und du wirst zu klarem Denken fähig sein. Wenn dein Geist erst einmal die Fähigkeit erlangt, spirituelle Glückseligkeit persönlich zu erfahren, und wenn du beginnst, von dem unabhängiger zu werden, was andere dich gelehrt haben und was du gelesen hast, und wenn schließlich praktische Erfahrung das theoretische Wissen ersetzt, werden alle deine Zweifel verschwinden und dein Fortschreiten auf dem spirituellen Pfad wird sich beschleunigen.

Aum Tat Sat.[60]

---

60 Sinngemäß: "Möge uns das Gesagte zur Wahrheit führen."

Die Essenz des Hinduismus

Der Ausdruck „Hinduismus" ist hier nicht im engen Sinne eines „-ismus", eines Glaubensbekenntnisses oder einer Sekte verwendet. Das Wort wurde viel später, in der englischen Kolonialzeit, als Sammelbegriff für die vedischen Religionen geprägt, und was es bezeichnet, existierte bereits lange davor; es ist früheren Ursprungs als das einschränkende Gefängnis einer Religion, eines Glaubensbekenntnisses oder einer Sekte. Auch wenn wir uns aus praktischen Gründen dieser Terminologie bedienen, sollte Hinduismus nicht mit irgendeiner institutionellen Religion verwechselt werden. Was der Begriff bezeichnet, ist eine spirituelle Lehre mit ihrer eigenen Philosophie und Metaphysik, verbunden mit den kulturellen zu jedem derartigen System gehörenden Äußerlichkeiten, die als Ganzes den *Sanātana-Dharma*[61] ausmachen. Kein einzelnes Buch, kein einzelnes Thema, keine einzelne Person besitzt einen alleinigen Anspruch darauf, den Hinduismus zu vertreten. Dessen Basis bildet eine umfangreiche Literatur, beginnend mit den Veden, deren Ursprung wohl in die Frühzeit der menschlichen Zivilisation zurückreicht. Im Laufe der Zeit sind Ergänzungen und Erklärungen durch nachfolgende Weise und Gelehrte hinzugekommen, welche die Veden durch ihre Weisheit bereicherten; doch lassen die Veden selbst sich auf keine identifizierbaren Autoren zurückführen. Obwohl jede der Veden aufgeteilt ist in die *Samhitās* (Hymnen),

---

61 Die etymologische Bedeutung von dharma ist „halten, haben oder aufrechterhalten". Es geht um die Form der Dinge, wie sie sind, sowie die Macht, sie so zu bewahren, wie sie sind. Sanātana-Dharma kann frei übersetzt werden als „das ewige Gesetz, welches das Universum und alles, was dazu gehört, aufrechterhält und lenkt.

Brāhmanas (theologische und ritualistische Abhandlungen) und die *Upanishads* (philosophische Untersuchungen), sind es die Upanischaden, die aus unterschiedlichen Gründen und zu unterschiedlichen Zeiten eine unvergleichliche Anziehungskraft auf viele Menschen ausüben.

Nach den Gründen dafür braucht man nicht weit zu suchen. In den Worten des deutschen Indologen Paul Deussen handelt es sich um „in Indien und wohl nirgendwo in der Welt übertroffene philosophische Konzepte". Fast alle philosophischen Fragen werden in den Upanischaden behandelt. Zusammen mit den *Brahma-Sūtras* oder *Vedānta-Sūtras* von Vyāsa und der *Bhagavad-Gītā* bilden die Upanischaden einen dreifachen, *Prasthāna-Trayī* genannten Kanon des Hinduismus. So gesehen können die *Prasthāna-Trayī* als Summe und Substanz des Hinduismus betrachtet werden; auch wenn die *Prasthāna-Trayī* auf den Veden basieren, kommt ihnen die unabhängige und unbestreitbare Autorität als höchste Instanz des Hinduismus zu. Ihr Gewicht lässt sich durch die Tatsache ermessen, dass alle großen *Āchāryas*[62] – ob es sich wie bei Shankara um *Advaitins*[63], um *Vishistādvaitins* wie Rāmānuja oder um *Dvaitins* wie Madhva handelt – sie als Autorität respektierten, auf deren Basis sie ihre eigenen philosophischen Auffassungen formulierten und begründeten.

Wenn wir von der Essenz des Hinduismus sprechen, schließen wir deshalb alle diese Richtungen mit ein. Wir können auch die *Bhakti*[64]-Literatur mit einschließen, ebenso wie die *Karma*[65]-Literatur (sie ist in der *Bhagavad-Gītā* am besten beschrieben), die *Jñāna-Marga*[66]-Literatur (durch die Upanischaden bestens vertreten) samt ihren

---

62 Schriftgelehrter.

63 Shankara war ein Lehrer der die Dualität überschreitenden und umfassenden Einheit. Für den von Rāmānuja vertretenen *Vishishtādvaita-Vedānta* ist Gott gleichzeitig das unpersönliche Brahman und gleichzeitig der höchste Herr, Īshvara. *Dvaitin* wie Madhva folgen dem Prinzip der Dualität (Zweiheit), wie z.B. der unversöhnlichen Aufteilung in Gut und Böse, bzw. Seele und Ego.

64 *Bhakti-Yoga*: Erlösungsweg in Form der Gottesliebe, verbunden mit der Hingabe an einen personalen Gott

65 *Karma-Yoga*: Yoga des selbstlosen Dienstes

66 *Jñāna*-Marga: Weg des Wissens, d.h. das Streben nach Erkenntnis der letzten Wahrheit

Kommentaren, beginnend mit Gaudapāda.[67] Das Studium dieser Literatur wird dem Studierenden einen Eindruck davon vermitteln, was als Essenz des Hinduismus verstanden werden kann. Es ist ein universales Schrifttum, in das sich jeder qualifizierte *Adhikari* (Suchender) versenken kann. Ob er dadurch sein angestrebtes Ziel erreichen wird, steht auf einem anderen Blatt. Sich für diese Erforschung zu qualifizieren, setzt die entsprechenden Eigenschaften voraus, nämlich Hingabe und Ernsthaftigkeit auf der Suche nach der Wahrheit.

Es ist in dieser Phase hilfreich, einen Blick auf das höchste Ziel zu wagen und einen Eindruck davon zu erhaschen, wohin eine derartige Erforschung den ernsthaft Suchenden zu führen vermag. Es gibt verschiedene Wege, um dieses Ziel zu erreichen; doch das Ziel ist dasselbe, nämlich die Antwort auf die grundlegende, in der *Kena Upanishad (auch Kenopanishad)* gestellte Frage zu finden: „Wer oder was sitzt hinter meinen Augen und schaut durch sie; was ist es, das hört, wenn ich sage ‚Ich habe gehört'; wer oder was gibt meinem Bewusstsein die Fähigkeit zu denken; wer ist dieser Deva[68], dieses Wesen, das dafür verantwortlich ist, dass ich sagen kann ‚Ich sehe', ‚Ich höre', ‚Ich denke'? Was oder wer ist das?".[69] Es handelt sich um eine metaphysische Frage, deren Antwort nicht bodenständig, aufgrund von Biodaten zu finden ist. Die upanischadische Erforschung geht in die Tiefe, zur Entdeckung der ursprünglichen Wurzel, des eigenen Wesenskerns. Die wirkliche Frage heißt hier: „Wer bin ich? Bin ich einfach ein Bündel von Fleisch und Knochen? Oder bin ich lediglich der physische Körper selbst? Oder, wie ein Okkultist sagen würde: ‚Bin ich ein subtiler Körper in einem physischen Körper?' Oder bin ich vielschichtiger, viel subtiler als all dies zusammengenommen? Gibt es ein Wesen in mir, das über alle Begrenzungen physischer und psychischer Art hinausreicht?"

---

67 Gelehrter des Vedānta im frühmittelalterlichen Indien, der wahrscheinlich in der ersten Hälfte des 6. Jahrhunderts lebte.
68 Bezeichnung für die „Gott dienenden" Götter, auch „Halbgötter" oder „überirdische Wesen".
69 Diese Fragen werden im Kapitel „Suche nach dem Selbst" ausführlich behandelt.

Indem man gewisse Techniken des *Yoga, Tantra* oder *Mantra* praktiziert, können sich sogenannte *Siddhis* oder übersinnliche Kräfte entwickeln. Auch wenn sich solche Kräfte erwerben lassen, tragen sie als solche nicht dazu bei, *Brahman* zu erreichen. *Brahman*, wovon die Upanischaden, die *Bhagavad-Gītā* und die anderen Schriften berichten, befindet sich jenseits dieser Zwischenstufen spiritueller Entfaltung.

Durch seine unbeirrbaren, aus ganzem Herzen kommenden Anstrengungen wird der Suchende schließlich diese höchste Wirklichkeit erreichen – mit jenen übersinnlichen Kräften oder ohne sie. Was ihm jedoch auf dieser höchsten Ebene verbleibt, ist weder sein Bewusstsein noch sein Intellekt, noch irgendeine andere gemeinhin anerkannte kognitive Fähigkeit, sondern einzig *Brahman* selbst. Er hat aufgehört, die durch seinen sichtbaren Körper oder seine manifesten Handlungen identifizierbare Person zu sein; er ist reines, absolutes Bewusstsein.

Die gleiche upanischadische Frage wird durch die *Bhagavad- Gītā* in leicht unterschiedlicher Weise beantwortet. Krishna sagt hier „*Aham Ātmā gudākesha; sarva bhūtāshaya sthitah; aham ādish cha madhyah cha bhūtānām anta eva cha aham*" – „Ich bin das Selbst, *Ātman*, in den Herzen aller Kreaturen: der Anfang, die Mitte und das Ende aller Wesen." Du wirst in dieser Antwort einen subtilen Unterschied finden. Wo von *Brahman* die Rede ist – es entspricht dem *Ātman* der Upanischaden –, wird es als frei von allen Eigenschaften – *nirguna* – beschrieben, während Krishna die Bezeichnung *Ātman* für sich selbst in Anspruch nimmt. Krishna besitzt also die ihm zugeschriebenen Eigenschaften – *saguna*. Dieser offensichtliche Unterschied wird im *Vedānta* sehr wohl anerkannt. Das *Nirguna-Brahman* der Upanischaden ist absolutes Bewusstsein, welches alle Zustände transzendiert, die sich durch gewöhnliche Erfahrung bestimmen oder verstehen lassen. *Nirguna-Brahman* kann nicht durch den Bezug auf irgendeine normale Erfahrung erklärt oder bestätigt werden.

Anders verhält es sich im Falle von *Saguna-Brahman.* Wo *Brahman* durch eine spezifische Gottheit – *Ishta-Devatā* – vertreten ist, gibt es auch eine inhaltliche Beschreibung, Attribute der Gottheit, Inhalte, die bestätigt werden können und über die es etwas zu sagen gibt. Es muss jedoch betont werden, dass letztlich die Essenz und Qualität der Erfahrung in beiden Fällen dieselben sind, auch wenn sich die zu ihr führenden Wege unterscheiden: *Jñāna-Marga,* der zur Erlangung von *Nirguna-Brahman* führende Weg der Erkenntnis, sowie andererseits Bhakti-Marga, als zu *Saguna-Brahman*[70] führende Weg der Gottesliebe.

Mit Blick auf den im vorherigen Abschnitt zitierten Vers wird uns noch ein weiterer Aspekt auffallen: Krishnas Gebrauch des Wortes *Gudākesha,* Bezwinger des Schlafes, als Bezeichnung für Arjuna. Krishna nennt Arjuna bei verschiedenen Namen. Manchmal ist es Arjuna, manchmal *Kaunteya, Gudākesha, Nagha* oder auch *Mahābāho,* der Starkgliedrige. Dafür gibt es zwei Gründe. Geht man der Bedeutung dieses speziellen Wortes nach, so wird deutlich, dass es auf den Inhalt des Verses anwendbar ist. Zweitens ist Krishna ein hervorragender Psychologe. Hält man einem Menschen ständig vor, er sei ein dummer Bursche, wird er nie etwas lernen. Wir können uns zum Beispiel vorstellen, dass ein Lehrer den Klassenraum mit dem sprichwörtlichen Rohrstock in der Hand betritt. Die Schüler erschauern bei seinem Eintreten. Er stellt einem der Schüler eine Frage, und dieser gibt aufgrund seiner Verunsicherung eine falsche Antwort. Prompt entgegnet der Lehrer: „Du bist ein dummer Kerl." Von diesem Augenblick an wird der Schüler nichts mehr lernen. Er gibt auf, weil er sich mit Dummheit identifiziert. In der *Gītā* hingegen ermutigt Krishna Arjuna bei jedem Schritt. Wenn er ihn *Mahābāho* nennt, meint er: „Ich weiß, dass du ein starker Kerl bist, doch das ist nicht alles; es gibt noch manche Dinge, die du noch zu lernen hast."

---

70 *Saguna-Brahman* beinhaltet eine „liebende" Erfahrung der Einheit; *Nirguna- Brahman* beinhaltet eine intuitive Erfahrung der Identität mit dem Einen. *Saguna- Brahman* ist nicht die höchste Möglichkeit der Erfahrung; trotzdem handelt es sich um eine sehr wertvolle Erfahrung, indem sie den *Advaitin* befähigt, auf einer bestimmten Ebene die essenziele Qualität in allen Dingen wahrzunehmen. (Dies ist natürlich die Sichtweise der *Advaitin,* die wie Shrī Shankara den *Jñāna-Marga* *praktizieren.* Die *Bhaktimargis* wie Madhva, *Rāmānuja* und andere würden diese Sichtweise bestreiten. Die Debatte braucht uns jedoch nicht zu beschäftigen, wenn wir die Tatsache akzeptieren, dass es nicht allen gegeben ist, dem abstrakten Pfad des *Jñāna* zu folgen, während *Bhakti-Marga* von allen gegangen werden kann.) Wir können uns zum

Hier spricht Krishna Arjuna als *Gudākesha* an, das ist einer, der den Schlaf überwunden hat. Weshalb wird Arjuna als einer bezeichnet, der den Schlaf überwunden hat? Was könnte dies bedeuten? Leidet er unter Schlaflosigkeit? Nein, das ist es nicht. Man wird nicht zu einem großen *Yogi,* indem man Schlaflosigkeit kultiviert. Tatsächlich ist es so, dass *Yogis,* deren Geist sehr ruhig ist, bekannt sind für ihren Zugang zum Tiefschlaf – *Yoganidrā* genannt – und darin länger verweilen können als alle andern. Wenn man den Kontext der Verwendung dieses Namens versteht, wird die Bedeutung klar. Hier bezeichnet *Gudākesha* einen, der die Dunkelheit des Schlafs – die Unwissenheit – überwunden hat.

Es gibt zwei Gründe für den Gebrauch dieser Anrede durch Krishna. Erstens spricht er über das Potenzial Arjunas, letztlich die Wahrheit zu realisieren. Geschieht dies, wird Arjuna in den überbewussten Zustand oder *Samādhi* eintreten, und sei es nur für fünf oder zehn Minuten. Sein gesamter Organismus wird sich vollständig entspannen – eine Art von Scheintod wird eintreten –und jede Zelle seines Körpers wird vollständig zur Ruhe kommen. Normalen Schlaf wird er danach nicht mehr benötigen, um sich zu regenerieren. Zweitens sagt der *Vedānta,* dass wir uns alle in einem Zustand der Illusion befinden. Wir sollten diese Aussage nicht falsch verstehen. Es kommt leicht zu einem Missverständnis, wenn wir die Welt selbst als Illusion bezeichnen. Die wirkliche Bedeutung ist vielmehr, dass wir alle unter Verblendungen leiden. Aus diesem Schlaf der Verblendung aufzuwachen, bedeutet frei zu sein. Krishna ist sich jedoch darüber im Klaren, dass Arjuna diesen Zustand des Überbewusstseins, der sich vom Bewusstsein während des Wachzustands und des Traumzustands unterscheidet, nicht innerhalb kurzer Zeit erreichen kann. Wenn Arjuna schließlich diesen Zustand von Überbewusstsein erreicht, wenn er schlussendlich realisiert, dass sein innerer Kern Krishna selbst darstellt – *„Aham ādishesha bhūtāna anta"* – dass „Er der Anfang, die Mitte und auch das Ende ist" und dass Er auch der *Ātman* in seinem Innern ist, dann wird man von ihm sagen können, dass er den Schlaf der Unwissenheit vollständig bezwungen hat.

Es gibt keinen Crash-Kurs, um dieses Ziel zu erreichen. Man wird es erreichen oder nicht. Man mag es innerhalb einer kurzen *Sādhanā* erreichen oder nach vielen Jahren ernsthaften Bestrebens. Die wohlbekannte Geschichte Shankarācharyas und seines Schülers Hastamalka ist in diesem Zusammenhang lehrreich. Als Shankara, dessen Ruhm als Philosoph und Heiliger sich weit herumgesprochen hatte, auf seinen Wanderungen in Südindien einst zum Haus der Eltern eines kleinen Knaben geführt wurde, brachten diese ein ungewöhnliches Problem zur Sprache. Sie sagten zu ihm: „Bitte kommt zu uns herein. Unser Sohn spricht nicht. Seit seiner Geburt hat er noch kein Wort von sich gegeben. Er sitzt einfach nur da. Vielleicht leidet er an einer Krankheit. Wir haben alles versucht; die āyurvedischen Ärzte haben ihr Bestes versucht; nichts hat ihm geholfen. Vielleicht vermögt Ihr etwas zu seiner Rettung zu tun." Shankara sah den Jungen in einer Ecke sitzen. Die Geschichte berichtet, dass er ihn fragte: „Warum sprichst du nicht?" „Worüber?", antwortete der Knabe. Die Eltern waren glücklich über dieses erste von ihm ausgesprochene Wort. Shankara sagte: „Worüber immer du möchtest." Der Knabe antwortete: „Die Wahrheit lässt sich nicht durch Worte beschreiben, und wenn wir sie in Worte kleiden, können diese nicht eine Beschreibung der Wahrheit sein. Was also sollte ich sagen?" Shankara soll ihm erwidert haben: „Du bist bereit; komm mit mir." Der Knabe antwortete: „Ich habe auf dich gewartet", und er begleitete den Weisen auf seinen Wanderungen. Shankara nannte ihn Hastamalaka, was bedeutet ‚der die Amalaka-Frucht in seinen Händen hält' – was besagen sollte, dass er die Wahrheit in seinen Handflächen (*hasta*) trage. So mag es außerordentliche Fälle wie diesen geben; man kann es niemals sagen.

Um zu sehen, wie der Schlaf der Unwissenheit überwunden werden kann, wollen wir uns auf die *Māndūkya-Upanishad* beziehen. Da das, was sie hierzu erklärt, anderswo in diesem Buch zu finden ist, seien hier lediglich die wesentlichen Punkte rekapituliert. Die Upanischade beginnt mit einer Beschreibung und Erklärung des Wortes *Aum*. Zuerst wird der theoretische Hintergrund erörtert, und die letzten wenigen Verse erklären, wie man dieses Wort praktisch anwenden kann, um aus dem Schlaf der Unwissenheit zu erwachen. *Aum* wird in drei Teilen gesehen, beginnend mit dem „a", dem elementaren und einfachsten Klang, den jeder Mensch zu äußern vermag. Deshalb beginnt die Rezitation mit dem „a" und rollt dann zur Zungenmitte, um zum „u" zu wechseln und dann zum letzten Teil, dem Klang von „m" weiter zu reisen, wo der Mund geschlossen wird – *Aum.* Will man danach einen neuen Klang äußern, also einen neuen Klang kreieren, muss man den Mund erneut öffnen. Es gibt in unseren verschiedenen Schriften etliche Interpretationen dieses Wortes, wonach diese drei Silben mit den Begriffen von Schöpfung, Erhalt und Zerstörung identifiziert werden. In der *Māndūkya-Upanishad* wird das *Aum* jedoch auf etwas andere Weise erklärt. Hier heißt es, das „a" stehe für den Wachzustand des Bewusstseins, den normalen Zustand, *Jagrat-Avasthā,* in dem wir alle funktionieren. Der Klang „u" repräsentiere den Traumzustand, *Svapna-Avasthā,* in dem wir träumen, und schließlich stehe „m" für den Zustand des traumlosen Tiefschlafs, *Sushupti.* Dies sind die drei Zustände des Bewusstseins, die jedermann kennt.

Die Upanischade spricht noch von einem vierten Zustand, *Turīya-Avasthā,* der nicht wirklich als Zustand bezeichnet werden kann, weil er in keiner Weise einem der drei bekannten Zustände vergleichbar ist. *Turīya* transzendiert die drei Zustände von Wachheit, Traum und Tiefschlaf. Sind wir wach, ist der Traumzustand unwirklich; im Traumzustand ist der Wachzustand unwirklich; sind wir im Tiefschlaf oder *Sushupti,* hören alle diese Zustände auf zu existieren. Es ist absolutes Nichterkennen; nichts wird erkannt. Doch, wenn du erwachst, sagst du „Ahh, ich hatte einen sehr tiefen Schlaf". Dies spricht dafür, dass da sehr wohl ein Zeuge gegenwärtig war, doch dieser Zeuge erkennt nichts während des Tiefschlafs und ist sich des Zustandes auch nicht bewusst. Nach der *Māndūkya- Upanishad* ist *Turīya* der durchgängig existierende Zeuge: im Wachzustand, wie auch im Traum und im Tiefschlaf. Nach Auffassung der *Vedāntins* hat ein wirklicher *Yogi* erkannt oder verstanden, dass er als unwandelbarer Zeuge – reiner Zeuge, *Sākshī,* genannt – unberührbar bleibt durch die verschiedenen Veränderungen, die sich während des Wach- oder Traumzustandes und im Tiefschlaf ereignen.

Der *Vedānta* sagt, dass dieser Zeuge das wirkliche Du ist. Normalerweise identifizierst du dich mit dem einen oder anderen der Zustände von Wachheit, Traum oder Tiefschlaf. Wenn der Zeuge frei bleibt von der Identifikation mit einem dieser Zustände, bedeutet dies „*Tat tvam* Asi", das heißt, „Das bist Du". Doch wenn einmal dieser Zustand erreicht ist – eigentlich kann man nicht von „erreichen" sprechen, da es nichts zu erreichen gibt –, wenn er einmal erkannt oder gefunden ist, dann bleibt er für immer. Er ist auch nicht etwas, das man finden und verlieren kann. Man versteht dann, dass dieser reine Zeuge unbeeinflusst bleibt, durch alle drei Zustände hindurch, und wahrnimmt, was geschieht, doch nicht in irgendeines der Geschehnisse involviert ist. In der vedäntischen Literatur wird dieser Zustand als *Satchidānanda* bezeichnet, als nirguna, frei von irgendwelchen Eigenschaften. *Sat* bedeutet, dass Es existiert. Was auch immer sonst existiert oder nicht existiert: Dies existiert. Was auch immer vorher war, doch nicht mehr ist: Es existiert. *Sat* meint in diesem Sinne das jetzt Existierende. *Chit* bedeutet das Bewusstsein der Existenz. Schließlich ist Es, *Sat,* von *Ānanda* oder Glückseligkeit erfüllt. Sogar das *Tantra* definiert die Wirklichkeit, auch wenn manchmal Aspekte davon mit seltsamen Dingen in Verbindung gebracht werden. Jedoch gibt es andere Teile des *Tantra,* für die das nicht gilt. *Tantra* definiert die höchste Wirklichkeit als *Anantam Ānandam Brahma;* dies heißt „das *Ānanda,* das ohne Ende ist, dieses endlose Ānanda ist *Brahman*". In Vyāsas *Vedanta-Sūtras* wird dieses *Brahman,* der Kern aller Wesen, als „*Asti Bhāti Priya*" statt *Satchidānanda* beschrieben oder definiert. *Asti* bedeutet, dass Es existiert – Es ist da; *Bhāti* bedeutet das Bewusstsein, den Glanz des Lichts, und *Priya* bedeutet Liebe, ganz ähnlich wie *Ānanda.* Dies sind die vorherrschenden Eigenschaften von *Brahman* oder *Ātman,* wenn du es vorziehst, es so zu nennen.

Aus all dem vorstehend Beschriebenen, das nur ein kurzer Überblick über die Essenz des Hinduismus ist, mag man zum Schluss kommen, es sei zu theoretisch oder zu metaphysisch, um von irgendeinem praktischen Nutzen für irgendjemanden zu sein, dass es wohl in Ordnung sei, darüber in Büchern zu lesen oder zu philosophieren, dass es jedoch ohne praktische Bedeutung für unser tägliches Leben sei.

Nichts könnte der Wahrheit ferner sein. Die Literatur des Vedānta ist eine riesiges Gefäß für alle wesentlichen Erfahrungen der *Rishis* seit undenklichen Zeiten. Sie ist ein Fundus von praktischem Wissen; ein Speicher, aus dem jegliche Lektion, die eine spezielle Person braucht, bezogen werden kann. Sie ist so unendlich, dass keine Gefahr besteht, sie könnte jemals erschöpft sein. Es besteht zudem die Möglichkeit, dass auf diesem Gebiet neue Entdeckungen gemacht und diesem Speicher hinzugefügt werden. Der Speicher ist gefüllt mit Erfahrungen von Menschen, die den Kern der Lehren unter verschiedenen Aspekten und in unterschiedlichem Ausmaß verstanden und tatsächlich erfahren haben. Anders als bei einigen Theorien, die sich nicht durch Erfahrung bestätigen lassen, haben wir es hier glücklicherweise mit einem Reichtum von Literatur zu tun, die auf eine Linie von *Rishis* zurückzuführen ist, die das, was sie lehren, selbst erfahren haben. Jeder von ihnen hat aus seinem eigenen Verständnis zu uns gesprochen. Jedes menschliche Wesen unterscheidet sich vom andern durch Befähigung und Temperament. Dies ist der Grund für die verschiedenen Wege wie *Jñāna-Yoga, Bhakti- Yoga, Rāja-Yoga,* und so weiter. Wenn es jedoch ein Handbuch gibt, das sich mit all den verschiedenen Wegen – und damit der Essenz des Hinduismus – befasst, ist es die *Bhagavad-Gītā*. Jedes Kapitel dieses Vademekums behandelt einen anderen Weg der Annäherung an das gleiche Ziel; jeder Mensch kann den ihm am besten entsprechenden Pfad wählen. Ob der Fortschritt rasch oder langsam sein wird, hängt von der individuell gewählten Methode ab, von den Sehnsüchten des Suchenden, von der Intensität seiner Bestrebungen und dem eingeschlagenen Pfad. Letztlich wird jedoch, unabhängig vom gewählten Zugang, das Resultat dasselbe sein.[71]

---

71 Die *Gītā* ist eine der klarsten und am besten verständlichen Zusammenfassungen der ewigen universalen Philosophie (Philosophia perennis), die je geschrieben wurde. Daraus leitet sich ihr unendlicher Wert ab; nicht nur für Inder, sondern für die ganze Menschheit. Die *Bhagavad-Gītā* mag die systematischste Begründung der Philosophia perennis sein.

Für eine kurze Vorstellung der praktischen Aspekte des Hinduismus wollen wir uns der *Gītā* zuwenden. Sie sieht in der Natur des menschlichen Bewusstseins einen wesentlichen Stolperstein auf dem Weg zur höchsten Wirklichkeit, der zu verheerenden Schäden führen kann. Was einem heftig aufgewühlten Geist oder Intellekt zustoßen kann, ist in den folgenden Versen der *Bhagavad-Gītā (Kapitel II-Shloka 62-63)* beschrieben:

Dhyayato vishayān pumsah, sanghas teshūpajāyate;
sangāt samjāyate kāmah kāmāt krodho' bhijāyate;
krodhād bhavati sammohah, sammohāt smritivibhramah;
smritibhramshād buddhināsho; buddhināshāt pranashyati.[72]

Dies ist die Beschreibung des Zustands eines aufgebrachten Geistes. Was wir brauchen, ist genau das Gegenteil. Ist dein Geist ständig in Berührung mit den weltlichen Sinnesobjekten, wird sich ein Anhaften daran in dir entwickeln. Daraus entsteht der Wunsch nach dem Besitz dieser Objekte. Du kannst dich nicht vollständig von den weltlichen Dingen freihalten, wenn du in der Welt lebst so wie jetzt. Wenn du nicht in der Lage bist, sie zu erwerben oder zu genießen, wirst du manchmal frustriert oder verärgert sein. Bist du zornig, funktioniert dein Verstand nicht mehr: Du erwägst nicht mehr für und wider; du verlierst sogar das Gedächtnis; du vergisst, dass du ein Vater, eine Mutter oder eine Gattin bist. Es ist eine Art von Verrücktheit: Jedes bisschen Zorn, jeder Anflug von Wut ist Verrücktheit. Ein so aufgebrachter Geist ist hinderlich, ob bei der Lösung eines wissenschaftlichen Problems oder wenn man gute Musik genießen will. Um irgendeine Aktivität zufriedenstellend auszuführen, musst du deine ganze Energie und Aufmerksamkeit aufbieten. Dazu brauchst du vorab ein gewisses Maß an Ruhe und Stabilität; denn einem aufgebrachten Geist bleibt der Zugang verschlossen. Doch Zorn

---

72 „Wenn ein Mensch an die Sinnesobjekte denkt, entsteht der Hang zu ihnen. Aus dem Hang entsteht Begierde, aus der Begierde entsteht der Zorn. / Aus dem Zorn entsteht Verblendung, aus der Verblendung Verwirrung des Gedächtnisses. Aus dem(dann folgenden, völligen)Gedächtnisschwund (entsteht) Verlust des Verstandes. Am Verlust des Verstandes geht er zugrunde." (Übersetzung aus dem Sanskrit von Helmuth Maldoner, Papyrus, Hamburg 1986.)

kommt nicht immer unmittelbar zum Ausdruck. Viele unausgedrückte Emotionen verbleiben in der seelischen Verdrängung und vermögen auf die Dauer unsäglichen Schaden anzurichten.

Du kannst dir den Geisteszustand einer Person vorstellen, die dauernd der Welt der Sinne und ihrer heimtückischen Einwirkung ausgesetzt ist. Sie wird verwirrt sein, und die Verwirrung führt zu *Smritibhramshād*, dem Verlust des Erinnerungsvermögens. Dieser Gedächtnisverlust, wiederum, führt zu *Buddhināshat*, zum Zerfall der Intelligenz. Daraus entsteht die Abfolge der zuvor beschriebenen Ereignisse. Wie kann man dies vermeiden? Man kann sich durchaus fragen „Soll ich mich von allen Sinnen zurückziehen?" Das ist unmöglich. Hier kommt die Praxis des *Yoga* zum Zug. Krishna sagt Arjuna, dass ein Zustand von Ruhe des Geistes die grundlegende Voraussetzung für die persönliche Erfahrung der Wahrheit ist; dass man sich nicht auf den spirituellen Weg begeben kann, bis man in der Lage ist, sich hinzusetzen und in Ruhe den Überblick über jede gegenwärtige Situation zu gewinnen. Dies kann nur gelingen, wenn man über die dafür notwendige Übung verfügt.

Alle Arten des *Yoga* – speziell der Asthānga-*Yoga* oder achtgliedrige *Yoga*–enthalten zu diesem Zweck geeignete praktische Techniken; wobei die Annahme falsch wäre, dass derartige Methoden zur Erfahrung der absoluten Wahrheit führen. Es geht hier allein um praktikable Techniken zur Konzentration von Geist und Energien im Hinblick auf einen Zustand mentaler Stabilität als Basis für den Einstieg in den Weg des spirituellen Fortschreitens. Die großartigen *Yoga*-Sūtras von Patañjali definieren *Yoga* als „*Yoga*s chitta vritti nirodha"; dies heißt, dass es beim *Yoga* um das Beruhigen der Vibrationen des *Chitta*, der Gedankenwelt geht, die normalerweise stets in Bewegung ist und von einem Ding zum andern springt. *Nirodha* bedeutet, die autonom umherspringenden Gedanken zur Ruhe zu bringen. Dies wird durch die Praxis des *Yoga* erreicht.

Um den höchstmöglichen Nutzen aus dem *Yoga* zu ziehen, hat man verschiedene mentale und moralische Disziplinen zu beachten, die *Yama* und *Niyama* genannt werden.[73] Auf den ersten Blick mögen diese als unwesentlich erscheinen; doch bei näherer Betrachtung wird man ihre Bedeutung für den Erhalt geistiger und körperlicher Gesundheit als wesentlich empfinden. Erst nachdem man sie praktiziert, wird man beginnen, zur nächsten Phase weiterzugehen. Dies soll jedoch nicht heißen, dass man zuerst moralisch perfekt sein müsse, um dann erst *Yoga* praktizieren zu können; dies wäre ein Ding der Unmöglichkeit. Es geht darum, beides parallel zu praktizieren. Niemand kann absolut vollkommen sein, und die *Rishis* wussten das. Der absolut vollkommene *Jīvanmukta*[74] braucht nicht mehr *Yoga* zu praktizieren. Die Tatsache, dass jemand zu praktizieren versucht, bedeutet, dass in ihm noch Mängel bestehen, dass es große Bereiche gibt, in denen noch Verbesserungen möglich sind. Es ist möglich, auf dem Weg zu stolpern, doch sollte man nicht aufgeben. Auch in weltlichen Angelegenheiten versuchst du etwas und scheiterst gelegentlich; dann beginnst du von neuem, um womöglich erneut zu scheitern. Und hier ist noch viel mehr an Durchhaltevermögen verlangt. Deshalb gilt es zu versuchen, zu versuchen und standhaft erneut zu versuchen, bis man den erwünschten Zustand der Stille des Geistes erreicht.

Am besten gelingt dies unter Führung und Ermutigung durch einen Lehrer. Auch das Studium der Schriften gehört mit dazu. Dies entspricht nicht dem heutigen Trend; dementsprechend fällt es dem modernen Menschen schwer. Man darf sich nicht entmutigen lassen; es gibt immer Hoffnung. Die *Gītā* sagt dazu „*svalpamabhyasya dharmasya*", das heißt, dass deine Bemühungen, auch wenn du nur ein wenig geübt hast, dir letztlich dazu verhelfen werden, *mahato bhayāt*, die Furcht vor der Wiedergeburt, zu überwinden. Daher wird sogar ein kleines bisschen Anstrengung dazu

---

73 Yama: moralische und soziale Disziplin; *Ahimsā,* Gewaltlosigkeit; Satya, Wahrhaftigkeit; *Asteya,* nicht stehlen; *Brahmacharya,* Keuschheit; *Aparigraha,* Freiheit von Begierden.
Niyama: mentale, individuelle Disziplin; *Shaucha,* Reinlichkeit; *Santosha,* Genügsamkeit; Tapas Enthaltsamkeit; *Svadhyāya,* Selbststudium, *Īshvarapranidhāna* Hingabe an Gott.
p.s. Nach dem Weisen Manu schließt *Brahmacharya* eine gesunde Sexualität innerhalb der Ehe nicht aus.
74 Einer, der bereits zu Lebzeiten vom Kreislauf von Leben und Tod, Samsāra, befreit ist.

beitragen, den Ozean von *Samsāra* zu überqueren. Was immer man an Bemühung aufbringt, wird nicht verloren sein.

Du kannst keine zutreffenderen Worte finden als das, was Svāmi Vivekānanda zu den Anstrengungen der Einzelnen auf ihrem Weg gesagt hat: „Jede Seele ist potenziell göttlich. Dies ist die Essenz: Jede Seele ist potenziell göttlich. Diese innere Göttlichkeit zum Ausdruck zu bringen, ist der Sinn des *Yoga*." Dies mögen nicht die exakten Worte sein, die er gebrauchte, doch ist es die Essenz seiner Aussage. Diese Göttlichkeit zum Ausdruck zu bringen – sei es durch Arbeit oder Gebet, durch die Praxis des *Yoga*, das Studium des *Vedānta,* durch *Bhakti Yoga* oder *Karma Yoga* –, es macht keinen Unterschied. Diese Göttlichkeit zum Ausdruck zu bringen, sollte der Sinn allen Lebens sein. Dies fasst die Essenz des Hinduismus zusammen.

Illusionen,
die unser Leben bestimmen

Besitzen wir ein klares Verständnis von der Welt als Ganzes sowie unserer selbst im Besonderen, oder erliegen wir einer Art von Illusion, deren Schleier wir nicht durchdringen können, um die Wirklichkeit zu sehen?

Um eine Antwort auf diese Frage geben zu können brauchen wir keine neue Philosophie zu formulieren, noch hängen wir von irgendeiner modischen Theorie oder wissenschaftlichen Erkenntnis ab. Unsere eigenen Schriften, insbesondere die des *Vedānta,* haben die Antworten schon vor Jahrhunderten gegeben – sie sind im Konzept von *Māyāvādī* verborgen. Wenn von *Māyāvādī* die Rede ist, besteht leider eine generelle Tendenz, *Māyāvādī* als metaphysische Abstraktion abzulehnen – allein tauglich als Thema für den Philosophen oder den Theologen mit seinem Kopf in den Wolken. Wie kann der *Vedānta* mit seinen Konzepten, Axiomen und Theorien irgendeine Bedeutung für den modernen Menschen haben, der es aufgegeben hat, nach den Sternen zu greifen, weil er auf dem Mond gelandet ist? Die Antwort ist kurz: „Große Bedeutung!" Jene, die den *Vedānta* als bedeutungslos abweisen, weil er vorsintflutlich sei, unterliegen einem Irrtum – dem Irrtum, alles Neue zu akzeptieren und das Alte zurückzuweisen. Ein vertiefter Blick auf den *Vedānta* sollte diese falsche Vorstellung auflösen können.

Sprechen wir vom *Vedānta,* so beziehen wir uns auf ein umfangreiches Gedankengut, das vielen Denkern seit langer Zeit als Quelle der Weisheit gedient hat. Um nur einen zu nennen: den

Philosophen Arthur Schopenhauer, dessen Ideen großen Einfluss auf Freud, Nietzsche und andere ausgeübt haben. Nach der Lektüre der Upanischaden, der grundlegenden Literatur des *Vedānta,* schrieb er: „Wie ist doch jede Zeile so voll fester, bestimmter und durchgängig zusammenstimmender Bedeutung! Und aus jeder Seite treten uns tiefe, ursprüngliche, erhabene Gedanken entgegen, während ein hoher heiliger Ernst über dem Ganzen schwebt ... Es ist die belohnendste und erhabenste Lektüre, die auf der Welt möglich ist: Sie ist der Trost meines Lebens gewesen und wird der meines Sterbens sein."[75]

Was im *Vedānta* zu finden ist, besteht nicht aus einem Mischmasch halbgarer und unverdaulicher Theorien einfacher Geister; er ist eine reichhaltige Mine von Wahrheiten, einschließlich der absoluten Wahrheit, welche die Weisen und *Rishis* tatsächlich erfahren haben und die auch für andere erfahrbar ist. Wenn die Wiederholbarkeit eines Experiments das wissenschaftliche Kriterium für die Gültigkeit von dessen Ergebnis darstellt, so ist der *Vedānta* ebenso sehr eine Wissenschaft wie die moderne Physik, Biologie und so weiter.

Die wörtliche Bedeutung von *Vedānta* kann als *Veda-anta,* „Ende des Veda" verstanden werden, wobei das Wort Veda Wissen bedeutet. Der Begriff *Vedānta* scheint mit Absicht mehrdeutig zu sein. Er kann die philosophischen und psychologischen Abhandlungen bezeichnen, die den Veden angehängt und als Upanischaden bekannt sind. Er kann aber auch das Ende oder den Gipfel aller Weisheit meinen, jenseits derer es nichts mehr zu lernen gibt.

Die Upanischaden sprechen über Selbsterforschung, über das Verständnis des eigenen Selbst in seiner Vielschichtigkeit und über das Ankommen an der grundlegenden Quelle des Menschen und des Universums. *Vedānta* wird zutreffend als Endpunkt allen Wissens betrachtet, weil er direkt und bestimmt zum Sinn und der Quelle unserer ganzen Existenz vordringt.

---

75 Arthur Schopenhauer: Parerga und Paralipomena II, § 184

Aus dem eben Gesagten sollte man allerdings nicht schließen, dass alles, was über Wahrheit und Wirklichkeit gesagt werden kann, nicht noch tieferen Erforschens bedarf. Eine derart passive Ansicht würde dem Wesen des *Vedānta* nicht entsprechen. Denn die Erforschung des *Vedānta* ist ein kontinuierlicher Prozess, der sich im Licht neuen Wissens und neuer Erkenntnisse fortlaufend erneuert. Deshalb ist es wesentlich, das Konzept des vedāntischen *Māyāvādī* aus unser heutigen Perspektive zu betrachten. Um uns der Unparteilichkeit unserer leidenschaftslosen Annäherung zu versichern, wollen wir die Schriften für den Augenblick beiseitelegen und uns dem Thema dieses Kapitels aus frischer Sicht widmen.

Eine der großen Illusionen, in denen wir alle leben, ist zu glauben, unser Leben werde ewig dauern, und entsprechend zu handeln. Wir sehen den Tod überall, die Nachrichten sind voll davon. Persönlich wissen wir um den Tod von Freunden und Verwandten. Doch wir entwickeln einen blinden Fleck hinsichtlich unseres eigenen Todes. Nicht, dass wir nicht darum wüssten, dass wir eines Tages sterben werden; doch verhalten wir uns, als besäßen wir die Kontrolle darüber, als hätten wir das Sagen. Darin besteht das Paradox. Wir wissen, dass der Tod der einzige wahre Demokrat ist, der jeden Menschen gleich behandelt. Doch funktionieren wir, als verfügten wir über die Zauberkraft, ihn nach unseren Wünschen hinauszuschieben. Es mag morbid oder in unerlaubtem Maß pessimistisch erscheinen, das Thema des Todes auf diese Weise zu behandeln. Nichtsdestotrotz ist es der einzig sichere Weg, um sich der Unwiderruflichkeit des Todes offen und ehrlich zu stellen und dabei die Illusion, der wir unterworfen sind, aufzulösen – die Illusion, wir seien nahezu unsterblich, die uns zu extremen Formen des Verhaltens und Handelns treibt. Die Art und Weise, wie wir diese Illusion pflegen, beruht auf einer Hoffnung, die sowohl Grund wie Folge unserer Illusion sein kann.

Als interessante Randbemerkung sei vermerkt, dass unsere Unfähigkeit, den Tod zu akzeptieren, sich auch in unserer Sprache niedergeschlagen hat. Welche Sprache wir auch sprechen – in allen Sprachen, in allen Gemeinschaften –, greifen wir auf beschönigende

Umschreibungen zurück, wenn wir uns auf den Tod beziehen, so als handele es sich um ein Tabu, das sich wegwünschen ließe, wenn wir es nicht direkt ansprechen. Wir sagen „Er ist dahingegangen", „Sie ist in den Himmel gegangen", „Meine Mutter ist im Jenseits", „Sein Vater ist nicht mehr" und so fort. Manchmal hellen wir ihn durch humorige Ausdrücke auf, „… hat das Zeitliche gesegnet", „... hat den Löffel abgegeben", als könnten wir den Fängen des Todes entgehen, indem wir uns über ihn lustig machen. Bewegt von der gleichen Angst, entwickelten Menschen aller Zeiten und Lande verschiedene Formen der Illusion eines ewig dauernden Lebens. So ließen die ägyptischen Pharaonen ihre Körper als Mumien konservieren und in der Hoffnung auf eine Auferstehung in palastähnlichen Pyramiden beisetzen. Bis zum heutigen Tage werden nach dem Tod eines Menschen Rituale und Zeremonien aller Art befolgt, deren Intention sich von den Vorstellungen der alten Ägypter nicht wesentlich unterscheidet. Es geht hier nicht darum, solche Bräuche herabzusetzen, sondern nur zu hinterfragen, ob sie nicht der Hoffnung entspringen, den Tod überwinden zu können.

Ist es nicht dieselbe Art von Hoffnung, die uns in Fantasien über eine ungewisse Zukunft leben lässt? „Ich werde dies tun, ich werde jenes tun. Das Haus, das ich baue, wird anders sein als die Häuser, in denen ich zuvor gelebt habe. Mein Sohn wird ein bekannter Arzt werden." Sind dies nicht Gedanken, die unsere Illusion eines hinausschiebbaren Todes nähren? „Andere mögen jederzeit tot umfallen, jedoch sicherlich nicht ich. Was, wenn ich trinke, rauche und ein ausschweifendes Leben führe? Ich bin so stark wie ein Ochse und so rasch wird mich nichts umbringen." Darauf laufen unsere unabänderlichen Hoffnungen hinaus. Ohne Zweifel kann der Mensch nicht ohne Hoffnung leben, und Hoffnung bedeutet eine Erwartung an die Zukunft. Das ist auch vollkommen in Ordnung und verständlich; denn es macht das Leben, wie wir es kennen, lebenswert. Es ist derselbe „Wert", den zu hinterfragen und neu zu bewerten dieser Essay vorschlägt – nicht so sehr, um ihn zu entwerten, als ihn in einem gesunden Gleichgewicht zu erwägen.

Mit der Illusion eines hinausgeschobenen Todes eng verbunden ist die Illusion dauernden Glücks. Jeder von uns denkt „Wenn ich bei einer Lotterie einige Hunderttausende gewinne, werde ich glücklich sein." (Wenn du versuchst, die Person davon zu überzeugen, dass es sich lediglich um ein Glückspiel handle und sie, auch wenn sie gewinnt, noch immer unglücklich sein könnte, wird sie eher dazu neigen, dies deinem Neid oder deiner Missgunst zuzuschreiben als deiner Vernunft.) So ist es auch mit unserer Illusion in Bezug auf Hab und Gut. Zum Beispiel: „Wenn meine Gesundheit vollkommen in Ordnung ist, werde ich glücklich sein." Der unverheiratete Mann denkt: „Wenn ich verheiratet bin, werde ich glücklich sein." Der verheiratete Mann hingegen mag denken: "O mein Gott! Wäre ich nur ledig geblieben, dann wäre ich jetzt bestimmt glücklicher." Wir sind uns nicht bewusst, dass es sich immer um Hoffnungen handelt, die oft bis zu unserem Ende Hoffnungen bleiben. Die innere Sehnsucht nach Glück beruht auf der Einbildung, wie überglücklich wir wären, würden wir nur dieses oder jenes physisch erreichen oder besitzen. Wir verbringen ganze Leben mit dem Versuch, etwas Bestimmtes zu erreichen oder zu besitzen, um dadurch das ersehnte Glück zu erlangen – ein Ziel, das wir nie wirklich erreichen werden.

Nimm ein anderes Beispiel. Du besitzest kein Haus. Du bist sehr unglücklich, weil du denkst, dass alle deine Bekannten ein Haus besitzen. Deshalb musst auch du ein Haus haben. Du arbeitest hart, du sparst, du borgst und stiehlst, um ein Haus bauen zu können. Oder, wenn du viel Geld besitzest, investierst du einen großen Teil davon in ein Hausprojekt. Hast du das Haus einmal, wirst du zu denken beginnen: „Dies ist eine toter Vermögenswert; warum habe ich all mein Geld darin blockiert? Hätte ich es in ein Unternehmen investiert, hätte ich mehr Geld gemacht." Das Glück, von dem du glaubtest, es werde absolut sein, wenn du ein eigenes Haus besitzt, beginnt bereits wieder zu schwinden. Dann taucht eine Idee auf: „Ich sollte geschäftlich nach Delhi verreisen, oder ich möchte da oder dort einen Monat lang Ferien machen. Hätte ich kein Haus, würde ich wegfahren, ohne lange nachzudenken. Nun muss ich das Haus erst verschließen, und selbst dann könnten Diebe einbrechen. Was, wenn bei meiner Rückkehr lediglich noch ein leeres Haus dasteht?" Hast du erst einmal bekommen, was du wolltest, wird das einst erwartete Glück langsam verblassen. Das Gefühl, „Die ideale Situation ist anders; dies ist es nicht", macht sich breit. Die Suche nach einem Idealzustand dauerhaften Glücks geht in die nächste Runde. Diese Suche wird leider niemals enden!

In diesem Zusammenhang gibt es noch einen weiteren Gesichtspunkt. Nimm an, du wirst wirklich glücklich mit etwas, das du bekommst. Du bist damit für eine Weile sehr glücklich. Nach einiger Zeit befallen dich Zweifel. Du fürchtest, dass es dir geraubt werden könnte oder dass es von allein in die Brüche gehen könnte. Auch wenn dein Besitz nicht physisch zerstört wird oder sonstwie verschwindet, könntest du noch immer unglücklich sein, weil etwas anderes, das scheinbar wertvoller für dein Glück ist, seinen Platz eingenommen hat. (Eigenartigerweise ist der einzige Gedanke, der uns in Zeiten des Glücks mit unserem Besitz nicht bedrückt, dass der Tod uns das Objekt rauben könnte. Alle von uns schließen diese Möglichkeit gänzlich aus.) Somit haben wir gesehen, dass ein Zustand des Glücks, sobald wir ihn erreicht haben, bereits beginnt, uns zwischen den Fingern zu zerrinnen. Dann versuchen wir das Glück festzuhalten; alle unsere Energien sind auf diese Anstrengung fokussiert. Wenn man an etwas festhält und jederzeit befürchtet, dass es uns entgleiten könnte, wie kann dies dann Glück bedeuten? Wie kann man mit dieser ständig im Hintergrund lauernden Angst ruhig oder glücklich sein? Natürlich denken wir darüber nicht gerne nach.

Die Alternative zu dieser Angst ist die Hoffnung, den Augenblick des Glücks für alle künftige Zeit einfrieren zu können – die Hoffnung, dass unsere Freude, nachdem wir erreicht haben, was immer wir uns vorgenommen hatten, dauerhaft sein werde. Unglücklicherweise hat die Zeit anderes vor – sie ist nicht statisch, sie lässt sich weder kontrollieren noch anhalten. Du würdest dich gegen die unaufhaltsamen Gesetze der Zeit wenden, gegen die Zeit anrennen, wenn du darauf hofftest, dein Glück unverändert erhalten zu können. Diese Hoffnung wird sich nie erfüllen. Nehmen wir zum Beispiel jemanden, der übergewichtig ist. Er versteht, dass es nicht dem Trend entspricht, übergewichtig zu sein; abgesehen davon kann Übergewicht auch krank machen. Also nimmt er sich vor, sein Gewicht zu reduzieren. Es gelingt ihm. Er ist glücklich, bis er vor den Spiegel tritt. Ein kritischer Blick zeigt ihm die verräterischen Spuren der Zeit – ein Fältchen da und dort, einige graue Haare, einige Unreinheiten der Haut. Moderne Schönheitsmittel und -behandlungen vermögen wohl, die Zeichen der Zeit für eine Weile zu verbergen. Doch für wie lange?

Ohne mit weiteren Beispielen darauf herumzureiten, kann man zweifellos festhalten, dass sich alles im Lauf der Zeit verändert. Unser Glück, andererseits, hängt von erreichten Dingen ab, die unverändert bleiben sollen, wie sie sind, oder von einem unverändert anhaltenden Glückszustand oder von unserer Verdrängung des Todes als hinausgeschobene Möglichkeit.

Aus den vorangegangenen Erwägungen – mit vielleicht pessimistischem Unterton – solltest du nicht schließen, dass es nichts Lebenswertes gibt und deshalb keine Notwendigkeit für irgendeine Aktivität besteht. Du wirst bald merken, dass dir so etwas auch gar nicht gelingen würde. Die Natur ist so beschaffen, dass du immer wieder gezwungen wirst, das eine oder andere zu tun. Du kannst nicht vollständig aufhören zu handeln, es sei denn du bist schrecklich träge, befindest dich im Koma oder in einem Drogenrausch. „Zugegeben: Materieller Besitz und sozialer Status mögen nicht von langer Dauer sein, doch liegt sicherlich Glück in den persönlichen Beziehungen", magst du einwenden. Auch dies ist eine Illusion. Wir alle glauben – es sei denn, wir wären totale Misanthropen –, dass die eine oder der andere uns liebe. Die Tatsachen belegen das Gegenteil: Hast du heute Geld und Ansehen oder Macht, scheinen dich alle zu lieben. Morgen magst du vielleicht kein Geld mehr haben, und niemand wird dich mehr lieben. Solltest du einmal alles verlieren – manchmal auch ohne äußerlichen Verlust, aber indem du vorübergehend oder physisch abhängig wirst –, magst du feststellen, dass die Liebe und der Respekt, über die du einst „verfügtest" (ein treffender Ausdruck), eine andere Farbe annehmen. Die folgende Geschichte mag dies erläutern.

Es war einmal ein Anhänger, der eines Tages zu seinem *Guru* sagte: „Sir, ich bin bereit, alles in meinem Leben aufzugeben und Euch nachzufolgen, um spirituelle Vollendung zu suchen, doch es gibt etwas, das mich aufhält. Zuhause ist meine Frau, sind meine Kinder, meine Mutter, mein Vater, mein Onkel; sie alle lieben mich so sehr. Wie kann ich sie verlassen und Euch folgen? Dies ist das einzige Hindernis." Der *Guru* erwiderte: „Wunderbar! Wenn alle dich lieben, solltest du dein Heim nicht verlassen. Lass uns dies jedoch mit einem kleinen Experiment verifizieren. Ich gebe dir zwei Pillen. Die eine behalte ich bei mir; du nimmst die andere und gehst nach Hause. Dort legst du dich auf dein Bett und schluckst die Pille. Nach aller Wahrscheinlichkeit werden alle, die dich sehen, denken, du seist tot. Habe keine Angst; du wirst nicht wirklich gestorben sein, sondern nur so erscheinen. Und du wirst alles wahrnehmen können, was um dich herum geschieht. Nach einiger Zeit werde ich als *Vaidya*[76] verkleidet erscheinen. Dann beobachte das Schauspiel, und wir werden dein Problem nachher besprechen."

Wie geheißen, ging der Mann nach Hause und sagte: „Ich fühle mich gar nicht gut." Alle versammelten sich um ihn. Er legte sich ruhig hin und steckte sich die Pille in den Mund; bald lag er bewegungslos da, wie tot. Die Menschen begannen zu weinen, auch seine alten Eltern und der Onkel. Alle klagten:„Weshalb hast du uns verlassen? Einer von uns hätte an deiner Stelle weggenommen werden können." Die Luft war voll von Klagen, wie es im Haus eines Verstorbenen üblich ist. Bald kam der Lehrer an und fragte: „Was ist geschehen?" Mit tränenerstickter Stimme berichteten ihm die trauernden Verwandten: „Er ist tot. Er war uns allen so lieb. Wären doch wir statt seiner gestorben." Der Lehrer, der sich als *Vaidya* ausgab, tröstete sie: „Hört auf zu weinen. Ich werde ihn mit meiner magischen Pille wieder zum Leben erwecken." Ein plötzlicher Schauer der Erwartung ging durch die Versammelten. Im hoffnungsvollen Chor antworteten sie: „Bitte, gebt sie ihm sofort. Ihr seid unser Retter." Der falsche *Vaidya* sicherte ihnen zu: „Ja, das werde ich tun. Es gibt da allerdings einen kleinen Haken. Die magische Pille wird ihre Wirkung nur

---

76 Mit den Veden vertrauter Heiler, āyurvedischer Arzt.

tun, wenn jemand sich bereiterklärt, an seiner Stelle zu sterben. Ich fürchte jedoch keinen Mangel an Freiwilligen, da ihr alle ihn dermaßen liebt. So möge sich jetzt, wer ihn am meisten liebt und bereit ist, für ihn zu sterben, an seine Seite legen. Dann werde ich diesen Mann unverzüglich wieder ins Leben zurückholen. Das auf des *Vaidyas* Worte folgende Schweigen war so ohrenbetäubend, wie zuvor das Wehklagen. Niemand trat vor, um die Erweckung des „Liebsten“ zu ermöglichen, der dalag und sämtliches Geschehen um sich herum wahrnahm. Daraufhin legte der *Guru* die Pille in den Mund des Mannes und klopfte ihm auf die Schulter: „Was sagst du jetzt? Bist du bereit, mit mir zu kommen?“ Als Antwort stand der Mann, der sich jetzt keine Illusionen über die Liebe seiner Angehörigen mehr machte, auf und folgte seinem *Guru*.

Der Sinn der Geschichte besteht nicht darin, einen Schatten auf die Liebe als solche zu werfen; noch geht es darum, zur Entsagung aufzurufen. Nein, ich predige nicht die Notwendigkeit von *Sannyāsa*. Ich bin selbst kein *Sannyāsin*, ich bin ein normales Familienoberhaupt. Ich fordere euch lediglich auf, den Tatsachen des Lebens unverblümt in die Augen zu schauen. Es gibt wohl jene seltenen Menschen, die sich wirklich um das Wohl der andern sorgen, aber diese Sorge ist anderer Natur. Üblicherweise sorgen sich die Menschen, die uns nahe stehen und lieb sind, nicht auf diese Weise um uns. Sie mögen eine Art biologischer Anhänglichkeit empfinden oder – genetisch, psychologisch oder sozial – dazu konditioniert sein, eine gewisse Nähe zu bekunden und aufrechtzuerhalten. Doch niemand ist wirklich irgendjemand anderem derart verhaftet. Es mag viele Gründe dafür geben, doch dies ist nicht der Ort, um weiter darauf einzugehen.

Nun wollen wir auch die psychologischen Illusionen betrachten, in denen wir leben. Du kennst jemanden seit langer Zeit als Freund. Deine Erfahrungen mit ihm haben dazu beitragen, dir ein Bild von ihm zu machen. Auch er hat ein durch seine Erfahrungen geformtes Bild von dir. Dies ist normal und wie es sein sollte. Das Problem taucht im Vorgang des Kommunizierens auf. Sehen wir wirklich den andern und kommunizieren wir miteinander, oder geschieht dies allein zwischen den

Bildern? Oder findet – wenn es nicht die Bilder sind, die miteinander kommunizieren – eine andere, von den Bildern unabhängige Form von Kommunikation statt? Wir müssen sorgfältig hinschauen, denn es ist nicht offensichtlich, was wirklich geschieht. Dann werden wir bald entdecken, dass die Kommunikation meist nicht zwischen den Menschen abläuft, die sie wirklich sind, sondern zwischen den beidseitig kreierten Bildern. Deshalb besteht keine Aussicht, dass sich daraus etwas Neues ergeben könnte; denn die im Bewusstsein gespeicherten Bilder sind meist sehr alt. Kurz: Kommunikation verkommt auf diese Weise zum Austausch von Verhaltensreflexen. Zur Zeit eurer Heirat hattest du ein damals aktuelles Bild von deiner Frau. Fünfzehn Jahre später lebst du vermutlich weiter mit dem jetzt veralteten Bild. Gleiches wird auch bei ihr der Fall sein. Deshalb kann es keine echte Kommunikation zwischen euch beiden geben. Denn inzwischen hat die Zeit, die ewig Wandelnde, ihre Arbeit getan. Ihr habt euch auf vielfältige Weise verändert und verändert euch immer noch. Wir ziehen diese Veränderungen nicht in Betracht, noch geben wir ihnen Ausdruck oder verstehen sie. Wir sind in den alten Bildern gefangen, ohne ihnen den Spielraum zur Veränderung einzuräumen. Doch denken und handeln wir so, als würden wir uns verstehen, und werfen einander den veränderten Zustand vor. Ist dies keine Illusion?

Lass uns ein wenig weiter gehen.

Wenn der *Vedānta* sagt: „Schau' dich an; erforsche dich selbst", kommen wir üblicherweise zu einem raschen Ergebnis. Wir sagen: „Wir wissen, wer wir sind." Das ist ebenso eine Illusion wie jene, der wir bezüglich anderer unterliegen. Sich selbst zu erforschen bedeutet, sich gründlich und in allen Aspekten daraufhin zu prüfen, wer wir wirklich sind, wie wir mit anderen umgehen und so weiter und so fort. Wenn und solange du nicht verstehst, wo du unter den sich wandelnden Umständen stehst, kannst du keine wirklichen Fortschritte machen. Sonst bist du wie ein Mensch, der zu einem unbekannten Ziel aufbricht, ohne zuerst seinen Kurs zu bestimmen – ohne präzise Vorstellung vom eigenen Standort könnte er nach Osten wandern, statt nach Westen, wo sein Ziel liegt. Darauf scheinen die Worte von Samuel Foote, eines Komödianten des 18. Jahrhunderts, zu passen. Er sagte, er sei auf sein Pferd gestiegen und in verschiedene Richtungen geritten, in alle gleichzeitig.

Nun lass uns eine weitere Illusion ansehen, die sehr wichtig und eng mit der Frage des Wissens verbunden ist. Eine wohlbekannte Aussage der *Īshā-Upanishad* ist: „Jene, welche die Unwissenheit anbeten, treten in Dunkelheit ein." Dies ist sehr klar. Da wir alle so viel vom Wissen halten, ist die Aussage leicht zu verstehen. Deshalb stimmen wir ihr zu. Doch dann lanciert der *Rishi* ein Paradox. Er sagt „Und jene, die das Wissen anbeten, treten in noch größere Dunkelheit ein." Was kann das bedeuten? Es braucht Zeit, um die Bedeutung dieses Paradoxes zu verstehen und wertzuschätzen. Wir können Wissen nicht ohne weiteres als etwas akzeptieren, das uns in die Dunkelheit führt, geschweige denn in größere Dunkelheit. Wenn wir irgendetwas wissen, ist es denn nicht dem von uns erworbenen Wissen zu verdanken? Ohne die Ansammlung von Wissen gäbe es keine Evolution. Darüber bestehen keine Zweifel. Um das von der Upanischade in den Raum gestellte Paradox zu verstehen, müssen gewissermaßen zwischen den Zeilen lesen. Die Erklärung des *Rishi* meint, dass man durch die Anbetung des Wissens per se in noch größere Dunkelheit eintrete. Gehen wir etwas tiefer und betrachten die essenzielle Bedeutung dieser Aussage, kommen wir zum Schluss, dass das Wissen an sich für das Problem verantwortlich ist. Worum es dem *Rishi* geht, ist das wahre Verständnis des wirklichen Gegenstands unseres Forschens – das höchste Selbst oder das höchste Sein oder die höchste Wahrheit. Sie sind nicht zu erreichen, indem wir noch mehr von dem ansammeln, das wir üblicherweise Wissen nennen.

Der Grund dafür ist, dass alles Wissen innerhalb der Grenzen des Bewusstseins, einschließlich des Gehirns, enthalten ist. Nun erklärt die *Kena-Upanishad,* eine der ältesten Upanischaden: *Yanmanasā na manute yenāhur mano matam / tadeva Brahma tvam viddhi nedam yadidam upāsate* – „Das, was das Bewusstsein nicht erreichen noch berühren oder sich ausdenken kann, dies allein ist *Brahman*, dies allein ist die Wahrheit, verstehe dies!" Dieses höchste Selbst, *Brahman,* ist die durchgehende Thematik der Erforschung der Upanischaden. Deshalb haben die *Rishis* erklärt und zu verstehen gegeben, dass dafür keine der verschiedenen bekannten Richtungen des Wissens tauglich sei. Wenn du sorgfältig betrachtest, was wir normalerweise als Wissen bezeichnen, wirst du feststellen, dass es sich einzig um gespeicherte Erinnerungen handelt. Andererseits ist Wirklichkeit oder das wahre Selbst nicht etwas, das aus Erinnerungen bestehen kann. Die Wahrheit ist jederzeit gegenwärtig, in diesem Augenblick, hier und jetzt.

Wenn ich von Wissen spreche, was meine ich damit? Ich habe vorerst kein Wissen über einen Gegenstand. Dann wende ich mein Denken darauf an; ich versuche zu verstehen. Im Augenblick des Verstehens wird die Erkenntnis als Erinnerung in meinem Gedächtnis abgespeichert. Wenn ich also sage, dass ich um etwas weiß, meine ich damit, dass ich über eine Erinnerung an etwas verfüge, das ich mir durch Studium angeeignet habe. Alle Aneignung von Wissen findet auf diesem Weg statt. Jedes bisschen Wissen, über das wir verfügen, ist eine im Gehirn gespeicherte Erinnerung. Und eine Erinnerung ist kein Ding der Gegenwart; sie ist Vergangenheit. Du kannst nicht von einer gegenwärtigen Erinnerung sprechen; alle Erinnerungen sind Phänomene der Vergangenheit. Deshalb ist jegliches Wissen, über das du verfügst, nicht ein Wissen von *Brahman*. Denn *Brahman* ist immer frisch. Es ist jetzt bei dir, in diesem Augenblick, genau jetzt. Doch wir wollen an unserer Illusion festhalten und stellen das Wissen zur Verehrung auf einen hohen Sockel.

Und wiederum zerstört die *Kena-Upanishad* diese Illusion, indem sie deklariert: „Jener, der denkt zu wissen, weiß nicht, und jener, der nicht weiß, weiß." Dies bedeutet, dass jemand, der denkt, die Wirklichkeit jenseits der Illusionen durch Wissen zu verstehen, nicht weiß. Der Versuch, nach der Wahrheit zu greifen, ist völlig verschieden vom Griff nach sensorischen Erfahrungen, ein vollständig anderer Vorgang. Es ist eigentlich kein Greifen nach etwas, sondern ein Sich-Niederlassen. Und wieder ist es notwendig zu verstehen, dass hier mit „sich niederlassen" kein physischer Akt gemeint ist, obwohl das Wort

„*shad*" in „*Upanishad*" sitzen bedeutet. Natürlich meint sitzen in diesem Zusammenhang, dass du dich niederlässt, um zu reflektieren, wogegen du dich, sobald du aufstehst, zum Weitergehen bereitmachst. Doch meint es auch ein „Sich- Setzen oder Sich-Niederlassen" des Geistes – nicht den Zugriff, sondern die Beruhigung. Und dieses Sich-Niederlassen kann nur in vollständiger Stille geschehen, frei von Ablenkungen. Dazu müssen wir erst verstehen, wo wir im Augenblick stehen. Und wenn wir sorgsam hinschauen, wo wir stehen, werden wir entdecken, dass wir uns dauernd abmühen, unter hunderttausend Illusionen, die uns über die meiste Zeit gefangen halten. Es ist dies, was *Māyā* genannt wird. Diese Falle, in der wir gefangen sind, lässt uns wieder und wieder im Kreis herum gehen. Manchmal ist der Kreis klein, manchmal grösser, doch immer bewegen wir uns im Kreis.

Wie befreit man sich aus diesem Kreis? Man kann nicht einfach nach etwas greifen und ihm entkommen. Versteht man dies richtig – wirklich und vollständig –, besteht jedoch Hoffnung, sich aus dem ewigen Kreislauf befreien zu können. Es gibt keine Technik, die unfehlbar hilft, dieses Ziel zu erreichen. Alle verfügbaren Techniken sind bloße Leitlinien. Sie können uns den Weg weisen, aber man muss ihn selbst gehen. Die meisten dieser Techniken haben jedoch eine Eigenschaft gemeinsam: die Intention, den Geist frei von Ablenkungen zu halten und alle Energien auf einen Punkt zu fokussieren. Ein zerstreuter Geist ist nicht in der Lage, die für eine derartige Bemühung benötigte Energie zu sammeln und damit umzugehen. Deshalb laufen alle yogischen Disziplinen darauf hinaus, unseren Geist von Ablenkungen zu befreien und alle Energien zu versammeln, um sie in „einsgerichteter" Weise auf das zentrale Anliegen zu lenken, sich selbst zu entdecken.

Dies geschieht, indem wir zu Ruhe und Stille des Bewusstseins gelangen. Das Bewusstsein ist eine Ansammlung von Gedanken. Unsere Essenz, unser höchstes Wesen oder der *Ātman*, den wir als Suchende verstehen, entdecken, mit dem wir kommunizieren und mit dem wir uns vereinigen wollen, befindet sich jenseits der Grenzen des steten Kreislaufs der Gedanken. Solange wir in diesem geschlossenen System verbleiben, wird es uns nicht gelingen, das höchste Selbst zu berühren. Allerdings gelingt es uns nicht so leichthin, zu der Einsicht zu gelangen, dass das Denken die Verwirklichung des höchsten Seins in keiner Weise zu behindern vermag. Denn genau in dem Moment wo du denkst: „Ich möchte das Denken loswerden“, bist du bereits wieder dabei zu denken. Und wenn du denkst, bist du wieder im alten Kreislauf gefangen.

Ein Weg mit diesem Problem umzugehen, besteht darin, deine Gedanken ständig zu beobachten, wie sie auftauchen, dir deines Denkens unentwegt bewusst zu sein. Durch diese ständige Beobachtung wirst du herausfinden, wo sie entspringen. Und hast du einmal die Quelle deiner Gedanken entdeckt, besteht auch die Chance, davon frei zu werden. Es gibt dafür keine Standardtechnik; vielmehr ist dieser Prozess eine ganz individuelle Angelegenheit. Doch, bist du einmal frei von deinen Gedanken, wird deine Arbeit getan sein. Ich kann es auch so sagen: Selbst wenn du still sitzest, wird dein Geist weiterhin unablässig schnattern. Endet das Schnattern, so herrscht Stille. Diese Stille ist nicht dieselbe, die du empfindest, wenn es um dich herum still ist. Diese Art von Stille, nachdem der Geist aufgehört hat zu schnattern, bleibt auch bestehen, wenn du weiterhin vom Lärm des Marktes umgeben bist. Der äußere Lärm vermag diese Stille nicht zu stören. Doch, um diesen Zustand, in dem du Geist und Gedanken ständig zu beobachten und ihrer bewusst zu werden vermagst, erst einmal erreichen zu können, ist es ratsam, mit der Übung an einem ungestörten Ort zu beginnen. Hast du einmal den Zustand der Stille erreicht, wird es nichts mehr ausmachen, wo du bist. Die Stille wird immer mit dir sein.

Allerdings mag dieser Weg nicht der Natur jedes Menschen entsprechen. Es gibt Menschen, die immer physisch aktiv sind, sei es aufgrund ihrer natürlichen Veranlagung oder infolge äußerer Zwänge. Für sie besteht die beste Methode darin, aus ihrer Arbeit eine Form von *Sādhanā* zu machen. Wenn die Sehnsucht nach spiritueller Entfaltung stark ist und man sich von den Fesseln der Welthaftigkeit befreien will, kann ernsthafte, hingegebene, einsgerichtete Arbeit zu einer Form von spiritueller Praxis oder *Sādhanā* werden. Solche Arbeit ist auch

Meditation. Meditation ist ein Prozess, also ebenfalls Arbeit. Offensichtlich ist Arbeit nicht nur physische Anstrengung, sondern kann auch etwas anderes bedeuten. Wann immer ein Mensch – sei es auf einem Bauernhof oder im Büro – seine ganze Energie in seine Tätigkeit lenkt, hat er die Kunst der Konzentration bereits gemeistert, und er meditiert. Dann kann er diese Fähigkeit auf jede Sphäre anwenden, spirituell oder materiell.

Ich will dies durch eine Geschichte illustrieren. Du magst vom großen Bodhidharma gehört haben, der nach China brachte, was später zum *Zen-Buddhismus* werden sollte. Als er sich einmal in seiner auf einem Hügel gelegenen Einsiedelei befand, sprachen ihn zwei junge Männer an: „Wir sind einen langen Weg gegangen, um Euch zu begegnen. Wir suchen nach *Satori*[77]. Wir haben gehört, dass Ihr eine Person seid, die uns dahin zu führen vermag." Bodhidharma trank gerade seine Brühe. Er sagte: „Ich trinke meine Brühe." Also warteten sie eine Zeit lang. Dann baten sie ihn erneut um Führung und sagten: „Wir sind auf einem langen Weg und unter großen Schwierigkeiten hierher gekommen." Er sagte: „Ich trinke meine Brühe." Dann rief er jemanden herbei und sagte: „Gib ihnen etwas Brühe." So erhielten auch sie mit Brühe gefüllte Schalen. Während sie tranken, stellten sie ihm einmal mehr, nun zum dritten Mal, dieselbe Frage. Er sagte „Ich trinke meine Brühe." Aufgebracht erwiderten sie: „Auch wir trinken unsere Brühe." Er sagte: „Nein. Ihr trinkt eure Brühe und denkt dabei an *Satori*. Wenn ich meine Brühe trinke, trinke ich meine Brühe, und so bin ich *Satori*." Er war offensichtlich jemand, der die Kunst gemeistert hatte, seine ganze Energie in das gegenwärtige Tun zu lenken, ohne irgendeiner Zerstreuung nachzugeben.

---

77 Japanischer Begriff für die spirituelle Erleuchtung im *Zen*..

Die vedāntische Suche
nach dem wahren Selbst

Die Suche nach dem wahren Selbst, im Sinne des *Vedānta*, ist nicht so sehr eine Suche nach Gott als nach dem eigenen Selbst oder der inneren Identität. Dies geht von der Voraussetzung aus, dass wir nicht wissen, wer wir wirklich sind. Man kennt wohl den eigenen Namen, die eigene Stellung in der Gesellschaft und schreibt sich im Allgemeinen selbst, zumindest unbewusst, eine Persönlichkeit zu. Entgegen dieser allgemein vertretenen Sichtweise, lehren unsere Schriften, speziell die des *Vedānta*, dass in uns allen ein vom äußeren Anschein verschiedenes Wesen existiert. Es unterscheidet sich von der Summe aller Bilder, die man von sich selbst hat und die andere von uns haben. Dieses Selbst ist nicht, was üblicherweise bei anderen Anwendungen des Wortes, wie beispielsweise „Selbstbezogenheit", gemeint ist. Es ist kein Kompliment, wenn eine Person als selbstbezogen bezeichnet wird. Es ist im Gegenteil eine herabsetzende Bezeichnung für jemanden, der sich selbst über alle und jedes setzt. In der westlichen Philosophie existiert eine als Solipsismus bezeichnete Anschauung des Selbst – eine extreme Form von Skeptizismus, welche die gesamte physische Außenwelt und auch andere Auffassungen negiert; nichts außerhalb des eigenen Bewusstseins existiert, auch kein anderes Bewusstsein.

Weit davon entfernt ist die Sichtweise des *Vedāntin,* der im Selbst unser essenzielles Wesen sieht, das nicht von jedem anderen andern Selbst verschieden ist. Dies besagt, dass unsere gesonderte persönliche Individualität eine Manifestation des einen, alles durchdringenden universalen Selbst ist. Das begrenzte und als gesonderte Individualität identifizierbare Selbst, ist nicht das Selbst des *Vedāntins*.

Wie ist es zu dieser falschen Identifikation gekommen? Als kleines Kind hast du eine gewisse Identität. Diese Identität verändert sich, während du zum Schüler heranwächst. Als Jugendliche bist du eine andere als zuvor. Hast du erst eine eigene Familie, wird es so aussehen, als seist du eine vollständig andere Person als während deiner unbeschwerten Ausbildungsjahre. Natürlich werden einige grundlegende Charakterzüge im Prozess der sich stets entfaltenden Persönlichkeit erhalten bleiben. Doch sogar diese grundlegenden Merkmale sind zufällig und hängen davon ab, wo und wem du geboren bist. Nach den *Rishi*s gibt es jenseits von alledem einen gemeinsamen, von allen äußeren Manifestationen einer Person unabhängigen Nenner.

Interessanterweise ist das Wort „Persönlichkeit" vom griechischen Wort „Persona" abgeleitet, das „Maske" bedeutet. Die vedāntische Suche bezieht sich nicht auf die Maske, nicht auf die Persönlichkeit, die einmal als Heilige und ein andermal als Sünderin erscheinen mag. Der *Vedānta* sucht das innere Bewusstsein hinter der äußeren Persönlichkeit. Die erste Klärung, um die es im *Vedānta* geht, ist die Beantwortung dieser Frage: Besteht tatsächlich ein derartiges Bewusstsein im Kern aller einzelnen, das keine gesonderte Identität besitzt und von den oberflächlichen, durch Geburt, Ernährung, und Wachstum verursachten Veränderungen unberührt bleibt?

Um dies herauszufinden schaut der *Vedānta* auf die verschiedenen Zustände des Bewusstseins, mit denen wir alle funktionieren. Da dieses Thema im Kapitel *So sprach der Meister* besprochen wurde, beschränke ich mich hier auf eine kurze Rekapitulation der drei normalen Zustände von Wachen, Träumen und Tiefschlaf. Jeder dieser Zustände ist wirklich, solange er andauert. Mit anderen Worten: Die Wirklichkeit der drei Zustände ist abhängig von deren Vorhandensein und Dauer. Wir haben den Zwiespalt des Königs Janaka gesehen, der sich fragte, ob er der Bettler sei, als der er sich während seines Traumes erlebte, oder ober wirklich ein König sei. Sein Lehrer, der Weise Yājñavalkya, klärte sein Verwirrung auf, indem er den drei Zuständen eine lediglich relative Wirklichkeit zusprach. „Was“, wollte der König dann wissen, „ist das konstante Wesen, das durch alle Zustände hindurch wirkte, und, da es unverändert blieb, war es das wirkliche Selbst?“ Die in der *Māndūkya-Upanishad* gegebene Antwort ist im vorher zitierten Kapitel ausführlich besprochen. Und die Antwort – wir erinnern uns – besagt, dass das als Zeuge, *Sākshi*, aller drei Zustände wirkende unveränderliche Selbst das Absolute Bewusstsein – *Brahman* – ist. Es überschreitet alles, das durch den argumentativen Intellekt, die sensorische Erfahrung oder jede andere Form normaler Wahrnehmung erkennbar ist. Es kann allein durch ein Oxymoron ausgedrückt werden – eine scheinbar widersprüchliche Begriffe verbindende Redewendung (z.B. bitter-süß, Hass-Liebe und so weiter.). Es ist eine Erfahrung außerhalb der als erfahrbar geltenden Begriffskategorien.

Die vedāntische Entdeckungsreise gilt der Suche nach dem Selbst hinter der Persona, hinter den verschiedenen Masken, die das Selbst im normalen Alltagsleben trägt. Die Schriften warnen uns wieder und wieder davor, die Persona mit dem Selbst zu verwechseln, das in allen dasselbe bleibt. Unsere getrennten Selbste – nennen wir sie Persönlichkeiten, Individualitäten oder wie immer – können mit den Rollen verglichen werden, die ein Schauspieler in verschiedenen Rollen übernimmt. Ist er ein guter Schauspieler, wird er den ihm innerhalb der Besetzung des spezifischen Theaterstücks zugeteilten Charakter mit den besten Mitteln seiner theatralischen Möglichkeiten darstellen. In einem anderen Stück wird er gleichfalls fähig sein, einen ganz anderen Charakter in glaubhafter Weise zu porträtieren. Vergisst er jedoch vollständig, dass er lediglich eine Rolle spielt, kann dies zu ernsthaften Konsequenzen führen. Angenommen, seine Rolle sei die eines Serienmörders, der seine Opfer zu erwürgen pflegt: Stelle dir die Folgen der totalen Identifikation mit dessen Persönlichkeit vor! (Ich habe von sogenannten „method actors“ gehört, die sich mit allen Gefühlen und Gedanken so vollständig in ihre Rolle versetzen, dass sie anschließend einer psychiatrischen Unterstützung bedürfen, um zurück in ihre Rolle im Alltagsleben zu finden. Auch wenn dies nur ein Hype zugunsten der

Karriereförderung eines einzelnen Schauspielers wäre, relevant ist die Möglichkeit eines solchen Geschehens.)

Eine schöne Kurzgeschichte des amerikanischen Autors Kurt Vonnegut Jr., kann als Beispiel für die Verfassung des modernen Menschen genommen werden, der seinen Schatten für die Substanz und das Unwirkliche für die Wirklichkeit hält: Harry Nash ist, wenn er nicht in Theateraufführungen in seiner Kleinstadt mitwirkt, eine scheue, reservierte, farblose Person, die sich in Gesellschaft bis zur Unsichtbarkeit zurücknimmt.Doch gibt man ihm eine Rolle, ist er gewandelt. Er wird zum Rollenbild, aggressiv gewalttätig, urkomisch, mitleiderregend kränklich, oder zu jeder Persönlichkeit, die das Stück verlangt. Fern vom Rampenlicht ist er ein Niemand, unbemerkt, unerkannt, ungelobt und – am schlimmsten – ohne Freunde und Beziehungen.

Dann gerät er ungewollt ins Netz der Liebe. Ein wunderschönes Mädchen, Helene, die mit ihm als die Heroine eines Theaterstücks spielt, verliebt sich in ihn, da sie ihn für etwas hält, das er nicht ist. Entgegen der Warnungen aller ihr zugetanen Freunde bezüglich seines Alltagscharakters gelingt es ihr, Harry dahingehend zu manipulieren, dass er sie heiratet. Die ganze Kleinstadt, in der sie leben, ist gespannt, wie sich ihr Leben als Paar entwickeln wird. Entgegen der allgemeinen Erwartung einer nur wenige Stunden haltende Ehe, trägt die junge Gattin Helene auch nach drei Monaten noch eine heitere Mine zur Schau – Anzeichen einer glücklichen Ehe. Die Stadt ist beeindruckt von diesem Wunder.

Das Geheimnis ihres Gelingens als Frau und Mann wird beim Besuch eines von Harrys Regisseuren in ihrem Heim gelüftet.

Harry ist eben von seiner Arbeit zurückgekehrt – scheu und farblos wie immer – und zu schüchtern, um die Präsenz des Regisseurs zur Kenntnis zu nehmen. Mit gesenktem Kopf und in unsäglicher Verlegenheit flüstert er schwächlich: „Wer bin ich denn diesmal?" Wortlos drückt Helene ihm ein Buch in die Hand, greift nach einem anderen Exemplar des Buches und beginnt, laut die Worte eines liebeskranken Mädchens vorzulesen. Augenblicklich ist Harry zur Unkenntlichkeit verwandelt – jetzt ist er der leidenschaftliche Liebhaber. Der Regisseur schleicht sich hinaus, wissend wie Helene auf kluge Weise für den Erhalt der Ehe gesorgt hat.

Sind wir nicht alle auf eine Art wie Harry? Wir werden zu der Rolle, die wir auf der Weltbühne spielen, vergessen, wer wir in Wahrheit sind. Die Suche nach dem Selbst im *Vedānta* ist die Suche nach dem wirklichen „Wer" hinter allen Masken.

Eine andere Geschichte, eine wahre diesmal, handelt von Ramana Maharshi, dem Weisen von Tiruvannāmalai, und unterstreicht das Hindernis auf dem Weg zum Verständnis des wahren Selbst. Als der große Gelehrte *Kavyakanta* Ganapati Shastri Ramana Maharshi aufsuche, hatte er schon die ganze Bandbreite des *Vedānta* studiert. Er hatte diesbezüglich nichts weiter zu lernen. Anlässlich seines ersten Besuchs war er nicht sonderlich vom Maharshi beeindruckt. Bei seinem zweiten Besuch saß er da und betrachtete den Heiligen lange Zeit, wobei er sich fragte, was dem Heiligen wohl half, seine Weisheit zu leben, während er selbst so unwissend war wie zu Beginn seiner Studien. „Was ist das? Plötzlich bekomme ich den Eindruck, dass er weiß und ich nicht." So fragte er ihn: „Sir, ich bin nicht sicher, aber ich glaube, dass Sie um die Antwort wissen. Ich habe den *Vedānta* studiert. Ich bin durch alle Schritte gegangen und ich habe die Wirklichkeit, das wahre Selbst nicht gefunden.

Ich weiß es, weil der *Vedānta* sagt, dass frei sei, wer das wahre Selbst kenne. Ich weiß, dass ich nicht frei bin, also weiß ich, dass ich das wahre Selbst nicht gefunden habe. Was soll ich tun?" Es wird berichtet, dass der Maharshi fünfzehn Minuten lang in Schweigen verharrte und ihn ansah, ohne ein Wort. Dann sagte er: „Eigentlich wünschte ich mir, dass wir beide schweigen. Doch, da Sie mich gefragt haben, lassen Sie es mich sagen: Finde die Quelle, aus der das ‚Ich' gekommen ist, und alle deine Probleme werden gelöst sein."

Ein anderes Mal legte ein gelehrter *Pandit* Ramana eine ähnliche Frage vor. Der Mann begann, indem er sagte: „Ich tat dieses und ich tat jenes; ich tue dies und ich tue das; ich habe dies gelernt, ich habe jenes gelernt", und so weiter. Dann fragte er Ramana, was er jetzt über das wahre Selbst lernen sollte.

Ramana hieß ihn, den Weg zurück zu gehen, den er gekommen sei. Mit diesen Worten verließ der Weise den Raum und ließ einen gekränkten und verwirrten Mann zurück. Es war Kavyakanta Ganapaty Shastri, der den aufgelösten Gelehrten befriedete und ihm erklärte, was der Weise mit seiner Aussage gemeint hatte: dass er nicht soviel über sich und seine Leistungen sprechen solle. Er riet ihm, zu Ramana nie über die vielen Dinge zu sprechen, die er vollbracht hatte. Der eine mag sagen: „Ich bin verantwortlich für alles; ich bin der Größte!" und so weiter. Ein anderer sagt vielleicht: „Ich bin der geringste Mensch, der Niedrigste der Niedrigen", und so weiter. Beide schließen sich, indem sie so etwas sagen, vom Verständnis der Wirklichkeit aus. Entweder sind sie zu erfüllt von Macht oder zu kraftlos, um Es zu verstehen. Alle derartigen Aussagen sind Hindernisse auf dem Weg zum Verständnis des wahren Selbst.

Die Suche nach dem wahren Selbst ist das Thema, um das die Upanischaden seit Urzeiten kreisen, und die Erforschung dieser einzigartigen Sammlung von Gedanken ist der Betrachtung seitens jedes ernsthaften *Sādhakas* wert. Eine der Upanischaden, die Kena-Upanishad, beginnt mit der Frage:

Keneshitam patati preshitam manah
kena prānah prathamah praiti yuktah
keneshitām vācham imām vadanti
chakshuh, shrotram, ka u devo yunakti.

Dies kann annähernd wie folgt übersetzt werden: „Welches ist das Bewusstsein oder Selbst, das Gott ist, das hört, wenn wir hören, das sieht, wenn wir sehen, das zuhört, wenn wir zuhören, das denkt, wenn wir denken?" Der Schüler, der diese Frage stellt, hat andere vedāntische Schriften studiert und bereits intellektuell gelernt, dass er sich nicht mit der Persönlichkeit identifizieren sollte, mit der er sich normalerweise zu identifizieren gewohnt ist. Der *Rishi* antwortet: „*Yanmanasā na manute* – das, was das Bewusstsein sich nicht ausdenken kann; *yenāhurmano matam* – aber das dem Bewusstsein die Fähigkeit zu denken verleiht; *tadeva Brahma* – dies allein ist *Brahman; tvam viddhi* – bitte, verstehe dies; *nedam yadidamupāsate* – nichts, das du hier anbetest oder bewunderst."

Derselbe *Rishi*, setzt das Gespräch später fort: „Dieses wahre Selbst ist nicht mit dem Auge zu erfassen – *na tatra chaksur gacchati.*" Der *Sādhaka* mag sich sagen: „Gut, das kann ich verstehen. Es gibt manche Dinge, die ich mit meinen Augen nicht sehen kann, doch ich weiß, dass sie trotzdem existieren." Der *Rishi* fährt fort: „Dieses Selbst kann nicht mit Worten beschrieben werden – *na vāk gacchati.*" Der Schüler mag dann weiter denken: „Auch dies ist verständlich. Es gibt viele Emotionen, die ich nicht beschreiben kann, wie immer ich dies versuche, doch weiß ich, dass sie trotzdem existieren. Schließlich endet der *Rishi*: „Auch das Bewusstsein kann es nicht erreichen – *na manah.*" Der Student mag nun zu dem Schluss gelangen, dies sei die Höhe des Nihilismus. Das Bewusstsein, das sein Gehirn und seine Gedankenkraft einschließt, ist die höchste Fähigkeit, über die er verfügt. Wenn er sogar damit das Selbst nicht erreichen kann; was soll er dann tun? Die Frage, die jetzt in seinem Geist auftauchen kann, ist: „Gibt es überhaupt einen Weg, dieses wahre Selbst zu finden?"

Der in dieser dialektischen Erforschung engagierte Schüler ist kein gewöhnlicher Student; er ist ein *Adhikari*, ein für die Unterweisung bereiter Schüler – einer, der den Samen in sich trägt und über ein hohes moralisches Durchhaltevermögen verfügt, sodass er seine ganze Existenz dem wahren Verständnis des Lebens zu widmen und es auf dem festen Grund der höchsten philosophischen Wahrheiten neu zu erbauen vermag. Will er die Interpretation seines Lehrers nicht als Nihilismus bezeichnen, mag er zum Schluss gelangen, dass das unendliche Selbst für den Menschen als endliches Wesen niemals zu finden ist. Könnte der endliche Geist eines Menschen etwas so Unendliches finden und erfassen, dann könnte man das Selbst nicht mehr als unendlich betrachten. Andere mögen schließen, dass ihre Studien des *Vedānta* keinen Sinn mehr machen. Noch andere mögen zum

Schluss kommen, dass die Suche nach dem Selbst keinen Zweck habe, da sie einen in eine Sackgasse führe.

Der beharrliche Student jedoch weiß, dass dies nicht der Fall ist. Er weiß beispielsweise, dass er mit seinen Augen alles sehen kann, nicht aber seine eigenen Augen; trotzdem kann er deren Existenz nicht bestreiten. Er weiß auch, dass seine Augen ohne die Gegenwärtigkeit seines Bewusstseins wertlos sind. Er ist sich klar arüber, dass Menschen den *Vedānta* seit Hunderten von Jahren studiert haben. Es waren sicherlich keine Narren. Mindestens einige von ihnen müssen entdeckt haben, dass ein Weg existiert, das wahre Selbst zu finden. Also muss es eine praktische Seite von *Vedānta* geben, die er jetzt zu erkunden und zu praktizieren hat. Inzwischen hat der *Rishi* weiter erklärt, was er in Worten ausdrücken will, und er hat zunehmend das Gefühl, dass er damit nirgendwohin gelangt. So wirft er schließlich die Hände in die Höhe und sagt: *„Na vidmo na vijānīmo yathaitad anushishyāt* – Ich weiß wirklich nicht, wie ich dich das lehren soll."

Es ist sehr schwierig, eine genaue Erklärung für diese Situation zu finden, weil wir uns mit etwas befassen, das die *Rishi*s selbst als durch Worte unerklärbar bezeichnen, *na vāk gacchati*. Das Bewusstsein jedoch, wie weit es sich auch ausdehnen und verfeinern mag, kann ausschließlich in den drei Dimensionen der physischen Welt operieren: Länge, Breite, Tiefe oder Höhe. Normale Menschen können sich deshalb eine vierte Dimension nicht vorstellen. Im Kapitel „So sprach der Meister" ist das analoge Beispiel von imaginären Geschöpfen mit einer zweidimensionalen Orientierung bereits dargestellt. Rekapitulieren wir: Hauchdünne, außer in Bezug auf ihre Farbe identische Kreaturen leben auf dem Boden zweier voneinander abgegrenzten Schachteln, wo sie sich nur in der Fläche (Länge und Breite) bewegen können. Aus jeder Schachtel wird eines dieser Geschöpfe von oben herausgenommen und in die andere Schachtel übertragen. Nun findet sich ein rotes Geschöpf inmitten der grünen, und ein grünes unter den roten. Um die Analogie zu erweitern, gehen wir davon aus, dass diese beiden Geschöpfe die Möglichkeit des Wechsels durch den Raum von einer Schachtel in die andere realisiert haben. Jedoch wäre keines von beiden in der Lage, seine Erfahrung den jeweiligen Mitgeschöpfen zu erklären. Die Notlage des *Rishi* kann mit der Situation der zwei imaginären Kreaturen verglichen werden. Er weiß, dass es einem oder mehreren seiner Studenten möglich sein wird, die Selbst-Verwirklichung zu erreichen, doch kann er ihnen nicht in präziser Sprache erläutern, wie sie dazu vorgehen sollen.

Meist sind es Menschen mit einer intellektuellen Vorliebe, die sich dem Studium des *Vedānta* widmen. Doch, trotz der größten Anstrengungen, mit denen sie sich ins Zeug legen, sind es oft die Intellektuellen, denen die Verwirklichung des wahren Selbst nicht gelingt. Dies liegt daran, dass sie oft die Grundlagen des dahin führenden Prozesses nicht zu erfassen vermögen. Sie tun ihr Bestes, um die vedāntische Theorie zu studieren, sie zu verstehen und zu assimilieren. Sie wissen, dass Selbst-Verwirklichung nur durch Meditation und das Stillwerden des rastlos wandernden Geistes erreichbar ist. Deshalb gehen sie sogar durch den ganzen Prozess einer intensiven *Sādhanā*, wie er durch den *Vedānta* beschrieben wird. Doch sie verstehen nicht, dass sie all dies lediglich zu einer bestimmten Stufe auf dem Weg bringen wird. Es fehlt ihnen die Einsicht, dass jeglicher Versuch, nach etwas aus Büchern Gelerntem zu greifen, nur zu einer Projektion des eigenen Bewusstseins führen wird und nicht zum wahren Selbst, nach dem sie suchen.

Erst wenn sie endlich definitiv, tief und innig realisieren, dass das Bewusstsein vom Selbst vollständig verschieden ist - auch wenn es nur dank des Selbst funktioniert -, wird ihr Versuch gelingen. Dann wird ihr Geist aufhören, sich während der Meditation in alle Richtungen zu bewegen - zu dieser oder jener Seite oder sogar hin zum Selbst. Ist dieser Zustand erreicht, mag er sich schließlich ganz niederlassen und absolut still werden. Dann wird das gänzlich aus Gedanken bestehende Bewusstsein aufhören zu existieren und vollständig verschwinden. Es ist wichtig zu verstehen, dass der *Sādhaka* diesen Zustand nicht durch bewusste Anstrengung zu erreichen vermag. Er kann lediglich die richtigen Bedingungen schaffen, unter denen dies geschehen kann. Wann es dazu kommen wird, ist ebenfalls nicht vorhersehbar. Es lässt sich allein beobachten, wenn und wann es geschieht. Dies alles ist extrem kompliziert und schwierig zu erklären oder zu verstehen. Deshalb bittet das *Gāyatrī-Mantra,* das wirksamste der vedāntischen Mantras, nicht um Gesundheit, Wohlstand oder ähnliche Dinge. Stattdessen heißt es *„Dhiyo Yonah Prachodayāt"* – „Kläre, belebe, erleuchte meinen Geist und mache ihn feiner als er gegenwärtig ist".

Hat ein *Sādhaka* eine gewisse Geistesruhe erreicht, mag er annehmen, das Selbst erreicht zu haben. Natürlich ist er auf dem richtigen Weg, doch die Selbst-Verwirklichung zu erreichen, ist eine ganz andere Sache. Dies geschieht allein, wenn der *Sādhaka* den Zustand erreicht hat, wo sein begrenzter Verstand vollständig verschwunden ist. Erst dann wird ihm das Selbst in all seiner glänzenden Pracht erscheinen. Doch wird er diese Erfahrung nicht wirklich in Worten beschreiben können. Alle Versuche zur Beschreibung dieses Phänomens sind dürftige Annäherungen geblieben. Niemand kann das Selbst beschreiben, wie Es war, als er sich in jenem Zustand befand; denn, was immer er später erklärt, geschieht durch ein Bewusstsein, das in jenem Augenblick nicht existierte. Der Zustand eines von Gedanken freien Bewusstseins ist auch nicht durch Willenskraft erreichbar. Er verdankt sich einem Geist, der aus und in sich selbst zur Ruhe gekommen ist. Jede *Sādhanā,* die ein *Sādhaka* praktiziert – *Japa,* Mediation und so weiter –, reinigt seine Energiekanäle und sein Bewusstsein, um sozusagen die Türen und Fenster offen und den Ort frei von Staub und Schmutz zu halten. Darüber hinaus kann er nichts tun.

Ist das Fenster offen, wird der Wind sicherlich wehen,[78] daran besteht kein Zweifel. Doch weder können wir ihn herbeibefehlen, noch können wir den Zeitpunkt vorhersagen. Er kommt von selbst, uneingeladen. Natürlich können wir ihn einladen, doch wenn wir dies tun, könnten wir zum falschen Schluss kommen, dass unsere

---

78 Die absolute Wahrheit enthüllt sich nicht nur durch Introspektion und Kontemplation, die beide lediglich subjektiv sind. Nach Shrī Shankara, enthüllt sie sich ohne Anstrengung seitens des Suchenden (d.h. er kann das Geschehen nicht erzwingen). – *Purusha prayatnam vina prakati-būthā.* Obwohl der Sehende sie erfährt, erfährt er sie als unabhängige Wirklichkeit, jenseits seines subjektiven Bewusstseins.

Einladung die Ursache sei. Wir können einzig durch unsere *Sādhanā* sicherstellen, dass die Türen und Fenster offen sind und bleiben. Das Selbst als grundlegendes Bewusstsein hinter jedem Individuum entzieht sich dem *Vedānta* gemäß jeglichen Zuschreibungen wie „dies und das" oder „du und ich". ES zu entdecken und zu verwirklichen ist das ganze Anliegen des *Vedānta*. Der Weg dazu besteht aus Meditation und Beobachtung. Bis der *Sādhaka* erfasst hat, dass sich dieses Selbst nur verwirklicht, wenn das Bewusstsein absolut still und frei von Gedanken ist, sollte er seine *Sādhanā* fortsetzen, um sein Ziel zu erreichen. Erst wenn es dazu kommt, wird er vollständig verstehen, dass sein Selbst nicht sein Ich ist, mit dem er sich bis dahin identifiziert hatte, das im Guten glücklich und im Schlechten unglücklich war. Er wird verstehen, dass dieses Selbst immer voller Glückseligkeit ist; es ist der vierte Zustand des Bewusstseins, *Turīya*, der Zeuge der anderen drei. *Turīya* ist durch nichts berührbar, das innerhalb der ersten drei Zustände geschieht, und bleibt immer in sich rein.

Was sind die Charakterzüge eines Menschen, der dieses Selbst erlangt hat? Eine Person, die dieses Selbst erlangt hat, ist jederzeit in die Glückseligkeit des *Brahman* versunken, *Brahmānandam parama sukhadam,* und vom Zustand reinen Gewahrseins erfüllt, *kevalam jñānamūrtim.* Sie ist sich des Glücks in ihrem Bewusstsein ständig bewusst. Es ist ein Zustand, in dem keinerlei Gegensätze existieren, keine zwei Pole, *dvandvatītam.* Ein Mensch in diesem Zustand ist nicht aufgebracht, wenn etwas schiefgeht, noch gerät er außer sich, wenn die Dinge sich seinen Wünschen gemäß entwickeln. Er hat verstanden, dass das Selbst in ihm, dasselbe Selbst ist, wie in allen andern, *tattvamasyādilakshyam.* Es ist das Einzige, *ekam,* das ewig ist, *nityam.* Es ist *vimalam,* frei von jeglicher *Mala* oder Unreinheit irgendwelcher Art. Es ist absolut unbewegt, *achalam.* Deshalb muss das Bewusstsein, ebenfalls *achala,* bewegungslos sein, um dies zu verstehen und zu erfahren. Es ist Zeuge allen Geschehens, *sarvadhīsākshibhūtam.* Es ist Stimmungsschwankungen nicht unterworfen, *bhāvāatītam.* Eine Person, die ein derartiges Bewusstsein durch geeignete *Sādhanās* entwickelt hat, wird niemals im einen Moment ärgerlich sein, im nächsten liebevoll und voller Hass einen Augenblick danach. Sie ist auch *triguna rahitam*.[79]

Die Suchenden beginnen zu meditieren, indem sie zehn Minuten lang ruhig sitzen und die Wahrnehmung ihrer Gedankentätigkeit entwickeln. Mit ausreichender Übung, kann dies so natürlich werden, dass sie sich ihrer Gefühle und Gedanken in jedem Augenblick bewusst sind. Sie sind ständig gewahr, wohin sich ihr Geist in jedem Augenblick bewegt, wie ihr Ego von Tag zu Tag stärker wird, wie sich Stolz einschleicht und sie sich vorstellen, besser zu sein als alle anderen. Alle diese Aspekte beobachten sie ständig. Dies ist wahre Meditation, und man kann sie als Menschen betrachten, die sich durchgehend im Zustand der Meditation befinden, nicht allein, wenn sie sich zur Meditation hinsetzen, der sie sich täglich nur kurze Zeit widmen. Solche tägliche Praxis ist zweifellos notwendig und wichtig. Doch das Selbst kann nur durch ständiges Gewahrsein erreicht werden.

Wichtiger als alles andere ist Beständigkeit in der Praxis der *Sādhanā*. Um sich von Schwierigkeiten nicht entmutigen zu lassen, braucht es Mut und Vertrauen. Dem ernsthaft Suchenden werden sich immer wieder Hindernisse auf dem Pfad in den Weg stellen. Für jene, die sich nach zwei oder drei Abstürzen geschlagen geben, wird das Rennen bald vorbei sein. Jene, die fallen, immer wieder aufstehen und unbeirrt vorangehen, werden schließlich ans Ziel gelangen; wie die Upanischaden sagen: *Na yan ātma balahineha labhya*, „Dieser *Ātman* ist nicht erreichbar für die Schwachen". Dies war auch das bevorzugte Motto von Svāmi Vivekānanda. Was er mit „stark" in diesem Kontext meinte, sind Mut, Unternehmensgeist und die für diese Art von spiritueller *Sādhanā* erforderliche Energie. Um diese Energie zu erhalten, soll es der intelligente *Sādhaka* vermeiden, seine Energien in nutzlosen Aktivitäten zu zerstreuen. Aktivität kann von niemandem umgangen werden. Doch frönen Menschen oftmals vieler Aktivitäten, die ihren Anstrengungen auf dem Weg zur Wahrheit nicht förderlich sind.

---

79 Person, welche die Dreiheit verwirklicht hat: *Sattva, Rajas und Tamas.*

Wie kann man feststellen, ob eine Aktivität, der man sich hingibt, für diesen Zweck nutzlos ist? Dies ist nur durch die Entwicklung des eigenen Gewahrseins zu entdecken. Dann wird man fähig sein, sich hinzusetzen und zu fragen „Welche der Aktivitäten, denen ich mich üblicherweise hingebe, helfen mir wirklich, mein Ziel zu erreichen, und was ist bloß gewohnheitsmäßiger Aktivismus?" Solche gewohnheitsmäßige Aktivitäten mögen an sich harmlos sein, wie zum Beispiel der Besuch eines öffentlichen Lokals, um Karten zu spielen. Andere mögen schädlich sein, wie, sich aus reiner Gewohnheit in Glücksspielen oder ungehemmter Sexualität zu verlieren. Aus spiritueller Perspektive ist es wichtig, sich bewusst zu sein, welche Handlungsweisen auf Gewohnheit beruhen und welche Aktivitäten für einen selbst wirklich förderlich sind.

(Dieser Essay beruht auf einem meiner Vorträge. Da dieser einige wichtige Fragen zum Thema auslöste, seien diese hier angefügt. – M.)

Fragen und Antworten:

Frage 1: *Gibt es irgendwelche Anzeichen – psychologische oder andere –, durch die ein Suchender, zumindest für sich selbst, herausfinden kann, ob er auf dem richtigen Weg vorangeht?*

M: Diese Frage ist sehr wichtig. Ich kann verstehen, dass spirituell Suchende die Antwort kennen möchten, zumindest während der frühen Phasen ihrer *Sādhanā*. Eines der wichtigsten Symptome oder Zeichen ist, dass man immer weniger selbstbezogen wird. – Ich beziehe mich dabei auf das kleine Selbst, das Ego, und nicht auf das wirkliche Selbst. Indem man auf dem Weg fortschreitet, beginnt man die Gegenwart des wirklichen Selbst in anderen Menschen, wenn zuerst auch nur undeutlich – noch nicht mit Sicherheit –, zu sehen. Deshalb ist man sehr bedacht, nichts zu tun, das eine andere Person verletzen könnte. Nicht der Streitigkeiten wegen, die entstehen könnten; dies ist nicht das Problem. Das Problem ist vielmehr: „Ich fühle, dass ich mich selbst verletze, indem ich ihn verletze." Dies ist ein sehr wichtiges Zeichen. Das andere ist, dass der Geist beginnt ruhiger zu werden und sich generell weniger über unbedeutende Dinge aufregt. Dies gilt für den

Anfang. In späteren Phasen wird die Person nicht mehr außer sich geraten, selbst wenn das Dach einbricht. Doch nicht aus Gleichgültigkeit. Bitte verstehe den Unterschied zwischen bloßer Gleichgültigkeit und innerer Unerschütterlichkeit. Die bedeutendsten *Yogis*, die *Rishis* früherer Zeiten – in jüngerer Vergangenheit gab es Menschen wie Svāmi Vivekānanda –, waren weder gleichgültig noch bequem. Sie arbeiteten sehr hart, doch ging es ihnen um ein Ideal und nicht um sie selbst. Wohl erlebten sie mancherlei Schwierigkeiten und stießen auf Hindernisse, doch blieben sie meist gelassen. So behielten sie in der Folge ihren Gleichmut, und die Arbeit wurde reibungslos getan. Dies sind einige der Zeichen, auf die ein Suchender am Anfang achten mag. Doch wenn er tiefer in seine Sādhanā eindringt, wird er neue Dimensionen entdecken, sogar in den Beziehungen zu anderen Menschen.

Frage 2: *Wird ein solcher Mensch irgendwelche äußere qualitative Unterschiede aufweisen, und wird er die Wandlung in seinen Handlungen umsetzen?*

M: Es gibt äußere Unterschiede. Für die Umsetzung in das Handeln gibt es keine pauschalen Regeln. Doch wird der Suchende, wie ich schon sagte, vor allem weniger selbstbezogen sein als zuvor. Dies ist ein klares Zeichen des Fortschritts. Soweit er Güte und Mitgefühl in seinem Herzen trägt, wird der Wandel in seinem Innern stattfinden. Und wenn ein Mensch sein Selbst tatsächlich verwirklicht hat und frei ist, werden ihn seine Bindungen nicht mehr festhalten. Er mag solchen Verpflichtungen nachkommen, wenn er dies will. Niemand kann ihn jedoch zwingen zu tun, was er nicht will.

Frage 3: *Kann jedermann auf dem spirituellen Pfad fortschreiten. Und auch: Warum fühlt sich nicht jedermann von diesem Pfad angezogen?*

M: Ja, dies ist durch entsprechenden Einsatz möglich. Dabei wird die Führung durch einen Menschen, der den Pfad bereits gegangen ist, sehr hilfreich sein. Was jene Menschen betrifft, die nicht an Spiritualität interessiert sind, so gibt es ja auch viele, die sich beispielsweise nicht für wissenschaftliche Forschungen interessieren. Sie sind nur an alltäglichen Aktivitäten interessiert. Sie wollen sich für nichts Komplexeres engagieren, weil ihr Gehirn dafür nicht genügend entwickelt ist. Es gibt eine metaphysische Erklärung dafür: Ihre feinstofflichen Körper und ihr *Rabdha-Karma* oder das *Karma* ihrer vergangenen Leben sind dafür noch nicht herangereift. Dies ist eine diskutierbare, gegenwärtig nur theoretische Erklärung.

Was ich versuche auszudrücken ist, dass ihr Gehirn nicht genügend entwickelt ist, um mit subtileren Themen umzugehen. Sie sind allein an der Welt interessiert und was darin geschieht.

4: *Was ist Nididhyāsana und wie es hilft es auf der Suche nach dem Selbst?*

M: *Nididhyāsana* bedeutet zu assimilieren, was ihr auf der Suche nach dem Selbst gelernt habt. Das Thema ist so subtil, dass es nicht genügt, einen Vortrag darüber anzuhören oder einmal etwas zu lesen. Man muss sich immer wieder neu mit diesem Thema befassen. Nach solchen wiederholten Bestrebungen mag man schließlich eine Vorstellung davon haben, worum es geht. In diesen Dingen ist notwendig, in Ruhe und tief zu verstehen. Dies ist Meditation. Wenn ihr euer ganzes Leben mit *Shrāvana*, dem Hören über solche Themen verbringt, werden *Manana*, das kritische Nachdenken über die Ideen, und *Nididhyāsana,* das Verstehen der subtilen Konzepte, automatisch geschehen. Es geht einzig darum, sich vollständig zu konzentrieren; nicht halbherzig.

Frage 5: *Kann ein Agnostiker Selbst-Verwirklichung erreichen?*

M: Sicherlich! Doch wenn er Selbst-verwirklicht ist, wird er kein Agnostiker mehr sein. Das ist der Punkt. In der vedāntischen Erforschung braucht man, anders als im *Bhakti-Yoga* - ich be-tone, dass ich nicht versuche, diese beiden Wege zu bewerten –, nicht notwendigerweise mit der Voraussetzung zu beginnen, über Glauben zu verfügen. Die Suchenden können sogar mit der Aussage beginnen: „Ja, ich habe Zweifel. Lass mich herausfinden, was wahr ist." Solche Suchende werden von ihrem *Guru* ermutigt, das Thema furchtlos anzugehen. Wenn Zweifel ihr Bewusstsein befallen, müssen die Antworten von demselben

Bewusstsein ermittelt werden. Deshalb kann man Agnostiker sein und weiter forschen, bis zum Erreichen der Selbst-Verwirklichung. Doch sollte man die Erforschung immer auf korrekte Weise beginnen: indem man sein Urteil aussetzt, bis man sicher ist, die richtigen Schlüsse ziehen zu können. Außerdem sollte man die Erforschung nicht aus einer Haltung angehen, dass man nichts von dem glaube, was der *Guru* einem sagt. Findet man die Wahrheit auch nach tiefer Erforschung nicht, wird man weiterhin Agnostiker bleiben. Gelingt jedoch der Versuch, wird die Überzeugung umso fester sein. „Glauben" und „Herausfinden" bedeuten etwas völlig Gegensätzliches. Glauben bedeutet, dass man nicht weiß; also glaubt man. Wenn der Agnostiker etwas herauszufinden versucht und dabei die Wahrheit erkennt, braucht er nichts zu „glauben", weil er einfach weiß.

In der Welt,
doch nicht von der Welt

Oft wird die Frage gestellt, ob man ein spirituelles Leben führen und gleichzeitig für eine Familie sorgen, ein Gehalt verdienen, sich in der Wirtschaft engagieren und Teil der Gesellschaft sein könne. Die Antwort ist ein entschiedenes Ja. Um spirituell zu sein, brauchst du der Welt nicht den Rücken zu kehren. Wenn du umsichtig bist und weißt, was du tust, kannst du mit Gottes Hilfe das Beste beider Welten miteinander vereinen.

Viele von euch kennen die Analogie des Lotos, der im Wasser wächst, daraus seine Nahrung bezieht und doch seine Blütenblätter nicht vom Wasser benetzen lässt. Das Wasser kann sich auf den Blütenblättern des Lotos nicht setzen; die Tropfen perlen ab. Dies ist mit der Lebensweise eines *Yogis* vergleichbar. Er bezieht die von seinem Körper benötigte Nahrung aus der materiellen Welt, und bleibt dabei rein, unbefleckt und ungebunden.

Der unvergleichliche Shrī Rāmakrishna Paramahamsa vergleicht einen *Yogi* mit einer Hauspflegerin: „Die Hauspflegerin geht mit dem von ihr betreuten Haus um, als wäre es ihr eigenes. Sie hält alles rein und in Ordnung. Sie behandelt die Kinder des Haushalts als ihre eigenen, nennt sie ‚meine Radha' und ‚mein Babhu'. Und doch weiß sie in ihrem Herzen, dass ihr nichts gehört." Dies ist die Haltung des wahren *Yogis*. Er lebt und arbeitet in der Welt, lebt mit seiner Familie, seiner Frau und seinen Kindern, den Eltern und Freunden; doch weiß er aus tiefer Meditation um die Vergänglichkeit all dieser Dinge. Eines Tages wird er alles zurücklassen müssen. Die einzige Wirklichkeit ist das in allem gegenwärtige, in seinem tiefsten Herzen leuchtende Selbst.

In der *Brihadāranyaka-Upanishad* erklärt Yājñavalkya seiner Frau Maitreyī: „Höre, o Maitreyī, der Sohn ist dem Vater kostbar und der Gatte der Gattin, doch nicht um des Sohnes, des Vaters, des Gatten oder der Gattin willen, sondern wegen des in ihrem Innern gegenwärtigen Selbst. Aus Liebe zu dem ihnen innewohnenden Selbst liebt man sie, in der irrtümlichen Annahme, die Liebe gälte der äußeren Form."

Alle menschlichen Wesen sehnen sich danach, glücklich zu sein. Doch unter dem Einfluss von Unwissenheit, Avidyā, suchen sie in der äußeren Welt der Sinne. Sie genießen ein wenig, verlieren es und ersehnen mehr davon, während die wirkliche Glückseligkeit, jene immerwährende Freude, die millionenfach glückbringender ist als die kurzlebigen Freuden der Sinnenwelt, ganz nah im Zentrum ihres Wesens wartet. Im Herzen aller menschlichen Wesen ist *Ātman*, die Quelle universalen Glücks und Seins.

Der Weise Kabīr illustrierte diese Tragik des Menschen treffend mit der Analogie des Moschushirschen: Er wittert den ihm vom Wind zugetragenen Duft des Moschus und sucht nach dessen Ursprung – in dornigen Büschen bis seine Schnauze zu bluten beginnt –, und er weiß nicht, dass der Moschus sich in einem Beutel direkt unter seinem eigenen Schwanz befindet.

Dies mag alles zutreffen; und doch erklärst du dich außerstande, in dieser Welt zu leben und dennoch frei zu bleiben. Deine Mutter, dein Vater, deine Frau, deine Kinder: sie alle sorgen sich um dich. Sie sind so eng mit dir verbunden; wie kannst du da ungebunden bleiben? Was hier übersehen wird ist, dass niemand sich so sehr um jemand anderen sorgt, wenn die Verbindung nicht spiritueller Art ist – wie die zwischen einem wahren Meister und einem wahren Schüler. Niemand, beispielsweise, würde gerne deinen Platz einnehmen und an deiner Stelle gehen, wenn der Tod zuschlägt. Dies ist der ultimative Test.

Dies bedeutet nicht, dass man aus der Welt fliehen soll, um auf Berge zu klettern oder in einem Wald zu leben oder zum *Sannyāsin* zu werden.

Sannyāsa ist sicherlich eine großartige Lebensphase, vielleicht sogar die größte. Wahrlich! Doch ist jedermann zum *Sannyāsin* berufen? Wie viele wahre *Sannyāsins* kannst du in diesen Zeiten finden? Sind alle, die ockerfarbene Roben tragen, wirkliche *Sannyāsins*? Viele tragen das Gewand, um auf diese Weise ihren Lebensunterhalt zu verdienen. Viele werden *Sannyāsin* aufgrund eines momentanen Anreizes und bedauern ihre Unbesonnenheit lebenslang. Ihnen fehlt der Mut dazu, ihre Rolle aufzugeben, ihre Scheinheiligkeit abzuwerfen. Andere tragen lediglich die Robe und führen ein sinnlicheres Leben als ein gewöhnlicher „Haushaltsvorstand"[80]. Wahrhaftige *Sannyāsins* sind ebenso selten zu finden wie Diamanten in einem Misthaufen.

Die Alten wussten, dass es den meisten Menschen nicht möglich sein würde, der Welt zu entsagen, ohne erst durch die Erfahrung des „Haushaltsvorstands" gegangen zu sein. Deshalb teilten sie das Leben in vier Phasen, *Āshramas*, auf. Der unverheiratete junge Mann, der seine Studien der Schriften und der weltlichen Wissenschaften verfolgte, wurde *Brahmachāri*n genannt. Als Junggeselle konnte er sein Wissen ohne die Belastungen oder Sorgen eines Haushalts ausbauen. Nach Abschluss seiner Studien hatte er sich zu entscheiden zwischen einem Leben als „Haushaltsvorstand" und dem Leben in vollständiger Entsagung, wenn er sich dazu vor allem andern berufen fühlte.

In den häufigsten Fällen, wurde ihm geraten, das Leben eines „Haushaltsvorstands" zu führen, *Grihasthāshrama* genannt. „Haushaltsvorstand" zu sein bedeutete nicht, ein freizügiges und zügelloses Leben zu führen. Der „Haushaltsvorstand" war eine Respektsperson: ein verheirateter Mann mit Frau und Kindern, der sein Leben auf ehrenhafte Weise verdiente, für seine Familie sorgte, seine täglichen spirituellen Pflichten wie Meditation und Studium der Schriften erfüllte und, allem voran, zum spirituellen Erbe beitrug, indem er die wandernden Bettler, *Sannyāsins* und *Sādhus* mit Nahrung, Kleidung und Unterkunft versorgte. Wohltätigkeit gehörte zu seinen Pflichten.

---

80 Oberhaupt der traditionellen Hindufamilie; für westliche Leser*innen ist der Begriff sinngemäß zu interpretieren.

Waren die Kinder erwachsen und brauchten keine Unterstützung mehr, würden er und seine in spirituellen Belangen ebenfalls erfahrene Gattin sich einen ruhigen Ort in der Umgebung der Wälder suchen, eine kühle, strohgedeckte Klause bauen und sich niederlassen, um ein Leben in ruhiger Kontemplation und vertieften Studien der Upanischaden zu führen. Dies war die Lebensphase des *Vānaprashta*. Wenn ein *Vānaprashta* durch gründliches Studium und ernsthafte Meditationspraxis für den Eintritt in das glückselige höchste Bewusstsein vorbereitet war und aus eigener Erfahrung um die Unwirklichkeit der äußeren Welt (im Unterschied zum ewigen *Brahman*) wusste, war er frei, *Sannyāsa* zu nehmen und der äußeren Welt zu entsagen. Damit wurde er zum befreiten Menschen, jenseits von Kastenzugehörigkeit, Glaubensbekenntnis oder Geschlecht, ohne irgendwelche soziale Stellung, der mit einem von der Glückseligkeit *Brahmans* überfließenden Herzen aß, was immer der Zufall ihm brachte, und der nachts unter Bäumen oder dem offenen Himmel schlief. Er war ein echter *Sannyāsin,* der die Welt der Sinne gekostet hatte und sie in voller Absicht zugunsten des Unendlichen verwarf, der ewigen Existenz in Bewusstsein und Glückseligkeit (*Sat, Chit, Ānanda*).

Die traditionelle Aufteilung des Lebens in Phasen ist gerade heutzutage besonders wichtig, obwohl diese Art von *Sannyās* heute schwer umzusetzen ist. Wo gibt es heute noch „Haushaltsvorstände", die *Sannyāsins* gerne unterstützen? Es mögen einige wenige sein. Zu viele Schwindler haben die ockerfarbene Robe getragen, sodass sogar ein echter, um Nahrung bettelnder *Sannyāsin* riskiert, von normalen Menschen auf der Straße beschimpft zu werden. Und natürlich sind sie nicht ganz im Unrecht, denn niemand mag gerne verschaukelt werden.

Für den *Sannyāsin,* der in einem etablierten *Āshram* lebt, ist es anders. Er braucht nicht um Nahrung und Kleidung zu betteln oder nach einer Unterkunft zu suchen. Doch ist er im strengen Sinn des Wortes kein *Sannyāsin.* Denn er hat seine Familie verlassen, um in eine größere Familie einzutreten; sie ist der Organismus, dem er jetzt angehört. Er arbeitet nicht wie ein gewöhnlicher Laie, doch leistet auch er

Arbeit: im Buchladen des *Āshrams*, im Tempel, in der Küche oder in der Buchführung – oder wo immer seine Hilfe im Betrieb des *Āshrams* gebraucht wird. Er bemüht sich um Spenden zugunsten des *Āshrams*, verkauft Bücher, sammelt Geld für verschiedene stattfindende *Tithi Pūjās*[81] und so weiter. All dies tut er nicht zum eigenen Vorteil, sondern für den *Āshram*, mit dessen Existenz sein Überleben verbunden ist. Überlebt der *Āshram*, dann überlebt auch er und umgekehrt.

Solche *Sannyāsins*, die religiösen Organisationen angehören, spielen auch eine Rolle im öffentlichen Leben. Sie vermögen tatsächlich eine wesentliche Rolle zu erfüllen, doch nur wenn es ihnen gelingt, die spirituelle Verwurzelung des Herzens im Bewusstsein aufrechtzuerhalten und sich nicht selbst zu verlieren, sei es im Gestrüpp politischer Organisationen oder im verborgenen Wunsch, sich die Füße von ergebenen Anhängern berühren zu lassen, oder nicht der Versuchung zu erliegen, als Redner berühmt zu werden, oder der Arroganz, als spirituelle Ratgeber wichtiger Politiker wirken zu wollen.

Die meisten Menschen – verheiratet oder unverheiratet – sind am besten beraten, wenn sie ihren Lebensweg in dieser wunderbaren Schöpfung von *Māyā*[82] gehen und gleichzeitig mit dem machtvollen Geist Fühlung halten, der dieses magische Rad der Manifestation bewegt. Die großen *Rishis* haben diesen Weg gewählt: Vyāsa, Yājñavalkya, große *Yogis* wie Lahiri Mahasaya, die Sufi-Meister wie auch der große, in seiner Art unvergleichliche Rāmakrishna Paramahamsa. Zu Beginn ist es schwierig, zu leben wie sie, doch durch die Gnade des *Gurus*[83] und dank ernsthaften Strebens wirst du erfahren, dass auch deine täglichen Aktivitäten vollkommener als zuvor gelingen, sobald einmal der Strom ātmischer Glückseligkeit beginnt, vierundzwanzig Stunden am Tag durch

---

81 Rituale zur Verehrung der den Tag bestimmenden Gottheiten.
82 *Māyā* bedeutet die Illusion des begrenzten Ich, das die Realität als nur psychisch und mental versteht und das wahre Selbst, *Ātman*, das eins mit *Brahman* ist, noch nicht erkennt.
83 Je nach Bewusstseinsstand des Suchenden kann der *Guru* als Person oder als das durch ihn wirkende, höchste Bewusstsein aufgefasst werden.

dein Herz zu fließen. Du wirst nicht nur liebevoller, mitfühlender und ruhiger sein, sondern auch effizienter, aufmerksamer und praktischer.

Spiritualität hat nichts mit Gleichgültigkeit oder Lethargie zu tun. Ein bequemer, tagträumender Mensch, der nichts Nützliches tut, ist nicht mit einem Heiligen zu verwechseln. Manche Menschen fürchten sich sogar vor diesem Zustand und fragen sich „Wie wird es um meine Arbeit bestellt sein, wenn ich in *Brahman* aufgehe?" Handelt es sich bei dieser Fragestellung nicht eher um eine vom Bewusstsein erfundene Ausrede, die dich vom Einschlagen des richtigen Weges abhalten soll? Ernsthaft Suchende werden vor allem andern fokussiert nach der höchsten Wirklichkeit streben, ohne sich um die Folgen zu sorgen. Was dies für die Ausführung der täglichen Pflichten bedeuten möge, ist nicht ihre erste Sorge. Wenn sie die Lebensgeschichten großer selbstverwirklichter Menschen der Vergangenheit studieren, werden sie jedoch feststellen, dass diese großen Weisen nach der Verwirklichung des höchsten Bewusstseins keineswegs träge oder untätig waren, sondern ihre Rollen wesentlich wirkungsvoller ausgeübt und ein hohes Maß an segensreicher Arbeit, über das gewöhnliche Sterbliche nur staunen konnten, geleistet haben..

Tatsächlich sind solche Menschen nicht ein-händig sondern vielmehr millionen-händig, weil das unendliche *Brahman* durch sie wirkt. Denke an die Beispiele des großen Shankarāchārya oder in jüngerer Zeit des machtvollen Svāmi Vivekānanda. Kabīr arbeitete an seinem Webstuhl und sang göttliche Lieder dazu. Und es gab den großen König Janaka, der sein Königreich in Vollkommenheit regierte und dabei ständig in *Brahman* vertieft war. Im Wald außerhalb Videhas pflegte der *Rishi* Yājñavalkya spirituelle Vorträge zu halten und Dialoge über die höchste Wirklichkeit zu führen. Ein Sitz in der ersten Reihe war immer für König Janaka reserviert. Einige der *Sannyāsins* und Einsiedler, die im nahen Wald lebten, glaubten, Yājñavalkya werde dank seiner seherischen Gabe von der Macht des Throns bevorzugt, und sie drückten oft Zweifel an ihm aus. Yājñavalkya versuchte nicht, darauf zu antworten. Eines Tages kam atemlos ein Bote gerannt und verkündete schreiend die Nachricht, der Palast Janakas in Videha stehe in Flammen, die sich auch zum Wald hin ausbreiteten. Viele der Einsiedler sprangen augenblicklich auf und rannten davon, um ihre wenigen Habseligkeiten zu retten, während Janaka ruhig und gelassen auf seinem Sitz verblieb und die Fortsetzung des Vortrags durch seinen Lehrer abwartete. „Dies", sagte Yājñavalkya zu den angeblich nach der Wahrheit Suchenden, „ist der Unterschied zwischen euch und Janaka. Er ist der König und lebt in einem Palast, doch er hängt kein bisschen daran, denn sein Bewusstsein ist im *Brahman* verankert. Ihr seid Einsiedler, doch euer Bewusstsein hängt ständig an den Kinkerlitzchen in euren Hütten."

Janaka wurde als *Rāja-Rishi* bezeichnet. Im vierten Kapitel der *Bhagavad-Gītā*, mit dem Titel *„Jñāna Karma Sannyāsa Yoga"*, bezieht sich Krishna auf die *Rāja-Rishis*. Im ersten Vers sagt er: „Ich teilte diesen unsterblichen *Yoga* mit Vivasvān; Vivasvān teilte ihn mit Manu, und Manu mit Ikshvāku". Im zweiten Vers heißt es: „Dieser in der Folge von Lehrer zu Schüler überlieferte *Yoga* war einst den *Rāja-Rishis* bekannt. Doch über den langen Zeitenlauf hinweg ist er der Welt abhanden gekommen." Und im Vers drei: „Ich habe dir heute diesen alten *Yoga,* ein erhabenes Geheimnis, offenbart, denn du bist mein Verehrer und Freund."

Dieser Yoga des *Nishkāmakarma* ist für dieses Zeitalter der *Kālī*[84] ideal. *Nishkāmakarma* oder selbstloses oder wunschloses Handeln bedeutet nicht, wie ein Automat ohne Beziehung zum Resultat zu arbeiten. Selbstverständlich setzest du dir ein Ziel und planst, es durch harte Arbeit und fokussierte Ausrichtung zu erreichen. Diese Fähigkeit zur Konzentration des Willens wird sich durch die Meditationspraxis entwickeln. Im Gegensatz zu den gewöhnlichen Menschen wirst du jedoch nicht erschüttert sein, wenn das Resultat nicht deinen Erwartungen entspricht. Dein Geist wird, ungeachtet von Gewinn oder Verlust, gleichmütig, fest und unbeirrt bleiben – und somit darauf

---

84 Das Zeitalter der *Kālī*, das *Kālī-Yuga,* auch dunkles Zeitalter genannt, welches die Welt derzeit durchläuft, ist das letzte eines 4,3 Millionen Erdenjahre dauernden Zyklus von vier Weltzeitaltern.

vorbereitet, der Situation Rechnung zu tragen und allenfalls alternative Lösungen zu planen. Dieses *Nishkāmakarma* ist auch auf die Meditation anwendbar. Die Praxis des *Dhyāna*[85] wird unbeirrbar fortgesetzt, ob die Resultate einer einzelnen Sitzung gut oder unvollkommen erscheinen mögen. Bald wird der Geist eine gewisse Ruhe erreichen und bereit sein, die als *Samādhi* bekannte Erfahrung zu empfangen.

Somit ist ein spirituelles Leben mit der weltlichen Existenz nicht unvereinbar. Tatsächlich wird ein ordentlich gelebtes Leben in der Welt zur Meditation führen. Dies wird sich insbesondere dann bewahrheiten, wenn du dich zu *Āsanas, Prānāyāma* und anderen Übungen des *Asthānga-Yoga* hingezogen fühlst. Ein wandernder *Sannyāsin* findet nicht die für derartige *Yogas* vorgeschriebene Diät, Ruhe oder auch Waschgelegenheit. Die *Gītā* bringt es auf den Punkt: „Dieser *Yoga* ist nicht für jene, die zu viel oder zu wenig essen, zu viel oder zu wenig schlafen." Mäßigung ist das Motto für den *Hatha-Yogi* wie für den *Rāja-Yogi*. Und dafür bietet das Leben des „Haushaltsvorstands" die besten Voraussetzungen.

Zu Beginn sind gelegentliche Rückzüge an stille und zuträgliche Orte fern vom Gewühl des Marktplatzes für die Meditationspraxis förderlich. Shrī Rāmakrishna pflegte zu sagen, dass für kleine Pflanzen ein schützender Dornenzaun notwendig sei, damit sie nicht von Kühen und Ziegen gefressen werden. Doch ist ein Baum erst einmal ein wenig herangewachsen, wird er der Zäune nicht mehr bedürfen. Bist du einmal dank der Führung und Gnade des Meisters in der Meditation gegründet, kannst du inmitten des Marktplatzes leben und noch immer in *Brahman* verwurzelt sein.

Das Leben als „Haushaltsvorstand" zu befürworten bedeutet nicht, eine Haltung des Laissez-faire einzunehmen, nach deinen persönlichen Wünschen in schrankenloser Freiheit zu leben. Du kannst nicht rauben, betrügen, lügen oder auf irgendeine unwürdige Weise zum Schaden anderer handeln und gleichzeitig einen spirituellen Zustand erreichen.

---

85 Siehe Kapitel „So sprach der Meister", Seite **61**.

Schon in dem Moment, wo der Wunsch nach spirituellem Fortschritt erwacht, beginnt sich die Psyche des Menschen zu verändern. Wie verachtenswert das Handeln eines Menschen auch gewesen sein mag: seine Sehnsucht nach dem Göttlichen wird wachsen, indem er beginnt, seine *Sādhanā* immer gewissenhafter zu praktizieren. Alles, das nicht zum spirituellen Leben beiträgt, wird von selbst von ihm abfallen. Hat er bis dahin ein verderbtes, seinen spirituellen Grundsätzen widersprechendes Leben geführt, werden die großen Wesen, die das Universum regieren, ihn in ihrer unendlichen Güte daraus befreien und ihn zu einer Berufung führen, die mit der spirituellen Lebensform vereinbar ist. Es gibt größere Mächte, die deine Haltung und deine Lebensweise zu verändern vermögen, damit du dem Weg ungehindert folgen kannst – materiell gut versorgt, nicht nur für dich, sondern für alle von dir Abhängigen.

Wenn du spirituelle Giganten angetroffen hast, die ein einfaches Leben mit minimalen Abhängigkeiten führen, so ist dies ihrem Zustand von höchster Glückseligkeit und der Tatsache zu verdanken, dass sie alle materiellen Bequemlichkeiten freiwillig zurückgelassen haben. Was verlieren Sie? Sie haben das universale Bewusstsein gewonnen. Wozu dient ihnen aller Firlefanz? Allerdings gibt es auch keine Regel, dass Seelen, die das Göttliche in sich verwirklicht haben, in Armut leben sollten. Einige haben inmitten von Luxus gelebt, ohne sich daran zu binden, und haben ihre Pflichten samt und sonders erfüllt. Andere haben als „Haushaltsvorstand" für zahlreiche von ihnen Abhängige gesorgt. Große *Vijñānis*[86] machten, nachdem sie festgestellt hatten, dass alles im Universum das höchste Göttliche selbst ist, das gesamte Universum anstelle der winzig kleinen Familie, auf die sie verzichtet hatten, zu ihrer großen Familie und führten ein Leben in ständigem Dienst. Auf diese Weise wurde aus Vālmīki dem Dacoit[87], Vālmīki der *Rishi*. Entscheidend ist die intensive Sehnsucht, das Göttliche zu verwirklichen, begleitet von der unerlässlichen Disziplin in der Praxis der *Sādhanā.* Es kommt nicht darauf an, wer oder was du bist, solange dein

---

86 Jene, die *Brahman,* das höchste Göttliche, erreicht haben.
87 Bandit.

Wunsch so stark ist wie deine Hingabe an die *Sādhanā*.

So muss ich dir von einem großen *Yogi* erzählen, den ich in Dehradun getroffen habe. Mein Meister hatte mich an ihn verwiesen, damit ich mehr über die *Kundalinī* lernen könne. Ich wusste zwar, dass er ein bedeutender Geschäftsmann war, doch bin ich bei seinem Anblick erst einmal erschrocken. Ich fragte mich sogar, ob ich nicht die falsche Person getroffen hätte! Er, ein großer, tadellos rasierter Mann mittleren Alters in einen dreiteiligen Anzug gekleidet, erwartete mich am Bahnhof von Dehradun. Draußen führte er mich zu seinem Mercedes-Benz samt uniformiertem Chauffeur. Ich war müde und schlief fast auf dem ganzen Weg nach Delhi. Er brachte mich in einer gepflegten, im zweiten Stock gelegenen Wohnung in Greater Kailash in New Delhi unter, nicht weit entfernt von seinem Bungalow, wo er mit seiner Frau, drei Kindern und drei Schäferhunden lebte. Er erzählte mir, dass er hauptsächlich im Immobiliengeschäft tätig sei. Doch sollte ich innerhalb weniger Tage seine andere Seite als wirklich sehr fortgeschrittener *Yogi* entdecken. Nicht allein, dass er mich theoretisch über *Kundalinī* und *Shrīvidyā* aufklärte; er demonstrierte mir die Dinge auch praktisch, wenn sich dies als notwendig erwies. Unglücklicherweise gehörte er zu jenen, die aus achtbaren persönlichen Gründen anonym bleiben wollten; deshalb darf ich seine Identität nicht bekannt machen.

Nun, wenn nach alldem eine seltene Seele unter euch noch immer fühlt, sie sei zu einem Leben als *Sannyāsin* berufen, überlege dir dies ernsthaft und gründlich. In diesem Sinne warnte mich ein *vaischnavitischer Sadhu* nahe der Vashishta Guhā hinter Rischikesch: „*Sannyāsa* ist ein hoher Zustand und nur wenige sind dafür qualifiziert. Du wirst viele Stufen zu erklimmen haben, um die Spitze zu erreichen, und wenn du auf dem Weg zufällig ausgleitest, könntest du dich beim Fall aus so großer Höhe ernsthaft verletzen und es schwierig finden, dich wieder zu erholen." Gehe in die Stille und erwäge in Ruhe das Für und Wider; wenn du es dann noch immer willst, gehe voran. Doch mache es nicht wie jener *Sannyāsin*, von dem Shrī Rāmakrishna stets berichtete, wenn er gewisse Menschen von ihrem Wunsch, der Welt zu entsagen, abbringen wollte: „Plötzlich bist du von dem Wunsch erfüllt zu entsagen – so glaubst du zumindest. Ohne jemandem etwas zu sagen, läufst du davon nach Benares. Einige Tage später schreibst du nach Hause, dass es dir gut geht, du dich nach einem guten Job umsiehst und sich niemand um dich zu ängstigen braucht."

Viele Menschen fragen sich, wie sie die täglichen Geschäfte gestalten und mit ihrer *Sādhanā* vereinbaren sollen. Man mag sich beispielsweise auch fragen, wie ein Mensch, der sich einem spirituellen Leben von Gewaltfreiheit, Frieden und Gutwilligkeit geweiht hat, auf Abwege geratene Mitarbeiter tadeln oder zur Rede stellen könne. Wird unser spiritueller Fortschritt nicht aufgehalten, wenn wir uns ärgern oder jemanden anschreien?

Höre dazu die folgende Geschichte: Es lebte einst eine riesige Kobra. Sie war so gefährlich, dass niemand es wagte, den an ihrer Höhle vorbei führenden Weg zu benutzen. Eines Tages zog ein junger *Brahmachāri* auf seiner Pilgerschaft durch das Dorf. Jedermann warnte ihn, nicht jenen verrufenen Weg zu benutzen, wenn ihm sein Leben lieb sei. Der *Brahmane* beruhigte sie; sie bräuchten sich nicht zu ängstigen, da er über genügend magische Fähigkeiten verfüge, um die Schlange auf Distanz zu halten. Als er sich ihrer Höhle näherte, erblickte er die Kobra, hoch aufgerichtet, bereit zuzubeißen. Er zähmte sie mit Hilfe seiner *Mantras*, und die Schlange wurde zu seiner Schülerin. Er führte sie in die Grundlagen spiritueller Praxis ein. Er erklärte ihr, dass sie es aufgeben müsse, Menschen zu beißen, wenn sie ein spirituelles Leben führen wolle. Die Schlange erklärte sich einverstanden.

Ein Jahr später, auf seinem Rückweg, kam der *Brahmachāri* wiederum im Dorf vorbei. Er stellte fest, dass der Pfad, neben dem die Schlange lebte, nicht mehr gemieden wurde. Die Menschen benutzten ihn ohne Furcht. Er fragte einige Straßenkinder nach der Schlange. „Ah", sagten sie, „sie ist noch immer da in ihrer Höhle. Aber seit sie aufgehört hat zu beißen, kümmert sich niemand mehr um sie. Sie beißt nicht, selbst wenn wir sie mit Steinen bewerfen. So haben wir ihr schließlich die Wirbelsäule gebrochen. Jetzt ist sie invalid und kommt nur unter großen

Schwierigkeiten aus ihrer Höhle; nur nachts, um ihre Nahrung zu finden.“

Der *Brahmachāri* eilte zur Höhle der Schlange und rief mit sanfter Stimme nach seiner Schülerin. „Gurudev“, antwortete die Schlange mit schwacher Stimme, denn sie war nahe daran zu verhungern. „Ich bin hier. Ich habe Euren Rat befolgt und aufgehört zu beißen; jetzt könnt Ihr sehen, was mit mir geschehen ist. Trotzdem fahre ich fort zu meditieren.“ „O du arme Unglückliche!“, sagte der *Brahmachāri*, „weshalb hast du nicht deinen Verstand benutzt? Ich hieß dich, nicht zu beißen, doch habe ich dir verboten, zu zischen? Du hättest nur zu zischen brauchen, und niemand hätte es gewagt, sich dir zu nähern.“

Hier noch eine Illusion, der manche Menschen erliegen: Sie denken, dass du durch die spirituelle Praxis nachgiebig wirst und mit dem Kopf in den Wolken herumläufst, unfähig sogar, beim Einkauf auf frischem Gemüse zu einem gerechten Preis zu bestehen. Nichts kann weiter von der Wahrheit entfernt sein. Der erfahrene *Sādhaka* kennt nicht nur den Weg in die Trance, sondern er weiß sich auch daraus zu lösen und sein tägliches Leben effizient zu führen. Er lebt nicht wie betäubt. Auch wenn du jemanden mit langem und schmerzlich verzogenem Gesicht siehst, ist dies nicht als Zeichen von Religiosität zu verstehen. Es handelt sich eher um eine Verdauungsstörung, als um Religion. Rate ihm, etwas für seine Verdauung zu tun. Vielleicht leidet er an Verstopfung. Ein religiöser Mensch hat immer einen frohen Ausdruck.

Auch über Svāmi Vivekānanda wird eine Anekdote zu diesem Thema erzählt. Demnach kam einst ein junger Mann zu ihm und erklärte, dass er der Welt entsagen und ein großes Wesen wie Buddha werden wolle. Der *Svāmi* stimmte zu, dass dies eine löbliche Idee sei, und fragte ihn, wie gut gebildet er sei, über wie viel Wohlstand oder Grundbesitz er verfüge und wie es um das Ansehen bestellt sei, das er in der Gesellschaft genieße. Er stellte fest, dass der junge Mann nichts von alldem aufwies. Der *Svāmi* war wütend. Was auf dieser Welt der Bursche denn besäße, dem er entsagen könne? Er riet ihm zu gehen und erst ein Stück ehrlicher Arbeit zu leisten, eine ansehnliche Summe Geldes zu verdienen und dann wieder zu ihm zurückzukommen und ihm zu erklären, wessen zu entsagen er bereit sei.

Beginne jetzt mit deiner *Sādhanā*, in diesem Augenblick; alles andere wird sich ergeben. Sollte der Gedanke „Ich bin ein so einfacher Mensch, wie könnte ich Gott erreichen?" in dir auftauchen, erinnere dich, dass dies lediglich eine Ausrede eines trickreichen Geistes ist, der dich davon abhalten will, dem richtigen Weg zu folgen. Wenn du mit dem Beginn deiner spirituellen Praxis wartest, bis du moralisch vollendet sein wirst, wird dieser Tag nie kommen. Beginne heute, und indem der göttliche Segen in dein Herz einkehrt, wirst du innen und außen geläutert. Dir wird die Kraft und Inspiration verliehen, dein Leben nach deinem tiefsten Wunsch zu gestalten.

Das Gāyatrī-Mantra

Das *Gāyatrī-Mantra* ist eines der ältesten *Mantras* Indiens. Von ihm heißt es, dass geschützt sei, wer immer es singe oder rezitiere; *gayantam trayate, yasmat Gāyatrī tyabhidhiyate*. Die besondere Bedeutung dieses *Mantras* liegt in der Tatsache, dass es sich sowohl auf die Beziehung zwischen Mensch und Universum bezieht wie auch auf die Wirklichkeit hinter beiden – es geht um den Prozess der Selbstverwirklichung, die schrittweise Entfaltung unserer essenziellen Natur, die nichts anderes ist als das *Brahman* der Upanischaden. Die Meditation über *Gāyatrī* führt über die drei bereits in früheren Kapiteln behandelte Zustände hinaus in den sich allen Beschreibungen entziehenden Raum von *Turīya*, des ungeteilten Bewusstseins.

Somit stellt sich natürlich die Frage: „Ist *Gāyatrī* nur für die spirituell Suchenden bestimmt, unter Ausschluss des gewöhnlichen Menschen in der Welt mit seinen alltäglichen Schmerzen und Freuden?" Die Antwort ist ein entschiedenes Nein, denn die Einmaligkeit des *Gāyatrī* besteht gerade in seiner universellen Anwendbarkeit. Es ist ebenso wichtig für die spirituell Suchenden wie für den lebenspraktischen „Haushaltsvorstand". Seine hohe Bedeutung wird klar, wenn wir verstehen, dass es als *Mahāmantra*[88] nicht allein ein unentbehrlicher Bestandteil aller religiösen Rituale ist, sondern auch von den zweifach Geborenen[89] [90], *Brahmin*, *Kshatriya* und *Vaishya*,

---

88 Großes Mantra.

89 Bezieht sich auf die Angehörigen der Kasten Brahmin (Priester), Kshatriya (Krieger) und Vaishya (Kaufleute) , die in der Adoleszenz durch die Initiation in die Veden ein zweites Mal geboren werden.

90 Der Ausschluss der vierten Kaste, Varna, sowie der Frauen wird kontrovers diskutiert; doch dies zu behandeln übersteigt den Rahmen dieses Kapitels. Die Begründung für das Bestehen des Varnāshrama (Kastenwesen) ist geeignet, mehr

anlässlich des täglichen *Sandhyāvandanam* – des zu Sonnenaufgang und Sonnenuntergang sowie vorzugsweise um die Mittagszeit vollzogenen Rituals – verwendet wird.

Für diese universelle Anwendung gibt es einen Grund:

Als in der Alltäglichkeit des Lebens Gefangene, bedürfen wir einer klaren und geschärften Wahrnehmung, um die tiefere Bedeutung der auf uns zukommenden Tatsachen und Probleme zu verstehen. Dies erst recht, wenn wir diese Herausforderungen praktisch und wirkungsvoll angehen wollen. Intellekt und Verstand sind oftmals nicht fähig, uns die gewünschte Klarheit zu verschaffen, und das führt regelmäßig zu resignierenden Haltungen wie „Der Geist ist willig, aber das Fleisch ist schwach". – Lasst uns einen Blick auf die Welt um uns werfen. Ist es ein Mangel an Intellekt oder Verstandeskraft, der uns in die Situation geführt hat, in der wir uns heute befinden? Sicherlich besitzen wir viel Wissen, doch hauptsächlich auf der oberflächlichen, äußerlichen Ebene. Wie sonst könnte man manches abwegige Verhalten sogar einiger unserer großen Philosophen, erklären? Oder von Wissenschaftlern oder Führungskräften? Sie alle manifestieren ständig einen Zwiespalt in ihrem Leben: Nach außen tragen sie eine Maske von moralischer Rechtschaffenheit und führen zugleich ein privates Leben von moralischer Verworrenheit. Offenkundig ist, dass sich sowohl der denkende Mensch als auch der gedankenlose Mensch von der Straße in ihrer Grundhaltung gegenüber dem Leben gleichen. Sie leiden an derselben Krankheit: dem Mangel an Unterscheidungsfähigkeit. Und Unterscheidung ist nach unseren Schriften, speziell des Vedānta, nur möglich, wenn eine höhere Fähigkeit als der nur rationale Intellekt zur Anwendung kommt. Diese Fähigkeit, *Buddhi* genannt, ist annäherungsweise als ‚durch den Intellekt erhärtete Intuition' zu umschreiben. Und *Gāyatrī* ist das Vehikel oder der Modus, die es uns

---

Hitze als Licht zu generieren, und noch keine Debatte hat bisher zu einer abschliessenden Klärung geführt. Es sei immerhin gesagt, dass es andere *Gāyatrī- Mantras* gibt, wie *Vishnu-Gāyatrī, Shiva-Gāyatrī, Hanuman-Gāyatrī* und so weiter, die nicht auf einzelne Kasten oder Gender beschränkt sind.

ermöglichen, diese Quelle der Unterscheidung, Viveka, zu erreichen. Die Entwicklung der Unterscheidungsfähigkeit mit Hilfe von *Buddhi* ist ausschlaggebend, nicht nur um uns vor *adharmischem*[91] Verhalten zu bewahren, sondern um uns zur höchsten Erleuchtung voranzutreiben.

Lasst uns nun das Wort *Gāyatrī* betrachten. *Gāyatrī* ist eigentlich der Name für eine spezielle Form des *Shloka*[92] im Sanskrit. Das Versmaß des *Gāyatrī* besteht aus vierundzwanzig Silben, *Aksharas*, die gleichmäßig auf seine drei Versfüße, *Padas,* verteilt sind. Deshalb ist es auch als *Tripādaka-Gāyatrī* bekannt. (Es gibt andere Versmaße, die ebenfalls aus vierundzwanzig Silben bestehen, aber nicht, wie im *Gāyatrī*, gleichmäßig verteilt sind.) Es gibt auch andere *Gāyatrī-Mantras* (siehe Fußnote 90); auch das erste vedische Mantra steht im Versmaß des *Gāyatrī*. Dank seiner universellen Bedeutung hat das *Gāyatrī-Mantra* den Namen des Versmaßes für sich annektiert, sodass jede Nennung des Versmaßes automatisch die Worte dieses speziellen *Mantras* evoziert.

Jeder der drei Füße (Zeilen) des *Gāyatrī* steht für einen der drei Veden, *Rigveda*, *Yajurveda* und *Sāmaveda*. (Der *Atharvaveda* hat sein eigenes *Gāyatrī*.) In den Veden heißt es tatsächlich *Gāyatrīm Chandasma Mata*. *Chandasma* steht hier für die Veden, und somit ist *Gāyatrī* die Mutter (*Mata*) aller Veden.

So nehmen wir uns das *Mantra* selbst vor:

Aum Bhūr Bhuvah Svah

Tat Savitur Varenyam

Bhargo Devasya Dhīmahi

Dhiyo Yonah Prachodayāt.

Wenn du diese Zeilen überfliegst, wirst du bemerken, dass die erste Zeile nicht dem Versmaß des *Gāyatrī* entspricht. Sie besteht aus dem *Pranava, Aum,* und den *Mahā-Vyāhritis,* den sieben Sphären der

---

91 Dharma ist der Begriff für die natürliche und gesetzte Ordnung, für Sitte und Recht in weitestem Sinn. Adharmisch: dem Dharma entgegengesetzt; unserer Entwicklung nicht förderlich.
92 Strophenform (Sanskrit) der altindischen Epik.

Existenz[93] (beginnend mit dem physischen, Bhūrloka), die den ersten Teil des *Mantras* bilden[94]. Der zweite Teil besteht aus dem nachfolgenden, mit *Dhīmahi* endenden Linienpaar. Die letzte, vierte Linie bildet den dritten Teil.

Die Aufteilung in drei Teile ist nicht willkürlich; sie stehen für die Phasen der zum höchsten Bewusstsein führenden Entfaltung. Der erste Teil bereitet den spirituellen Hintergrund für den Ablauf der beiden folgenden Teile vor. Während der erste den Suchenden zum *Upādhi* macht, dem vollkommenen Vehikel oder Gefäß für das Herabsteigen des höchsten Bewusstseins, intensiviert der zweite Teil sein mentales Streben. Doch das Erlangen des höchsten Bewusstseins kann nur durch göttliche Gnade geschehen, und diese Gnade wird durch die Hingabe im dritten Teil erworben.

Um die Bedeutung des *Mantras* zu verstehen, ist es notwendig, seine Hauptelemente zu analysieren, beginnend mit dem *Pranava, Aum.*

Das Wort *Aum* ist, auch wenn es als eines ausgesprochen wird, von dreifacher Bedeutung. Es besteht aus den drei Elementen „a", „u" und „m". Die Upanischaden und die Veden haben diesen drei Schriftzeichen je eigene Bedeutungen zugesprochen. Eine der oft angetroffenen Interpretationen sagt, „a" repräsentiere die Schöpfung, „u" ihre Erhaltung, und „m" die Zerstörung oder die Transformation des Alten in ein Neues. Dies kann nur geschehen, indem man erneut mit „a" beginnt. Sogar die Abfolge der Schriftzeichen ist bedeutungsvoll; obwohl die drei Klänge natürlicherweise bei der Aussprache des *Aum* miteinander verschmelzen. „A" ist der am einfachsten zu produzierende

---

93 Die sieben Sphären der *Mahā-Vyāhritis* sind im *Gāyatrī-Mantra* auf drei reduziert: *Bhūr-Loka* (Erde, materielle Daseinsebene), *Bhuvar-Loka* (feinstoffliche Ebenen), *Svar-Loka* (absolutes Bewusstsein, Brahman).
94 Üblicherweise ist ein *Mantra* mit einer speziellen Gottheit assoziiert, wie z.B das *Shiva Panchakshari* mit der Gottheit *Shiva;* die metrische Form (d.h. die Verteilung der Silben in einer den Klang und den Ton des *Mantras* bestimmenden Reihenfolge) verstärkt die Wirkung des *Mantras.* Es kann auch ohne Kenntnis seiner Bedeutung gesungen oder rezitiert werden, und man wird noch immer von seiner Wirkung profitieren.

Laut; in Sanskrit als *Ākāra* bezeichnet. Im Sanskrit steht „a" wie in den meisten anderen Sprachen am Anfang des Alphabets. „U", der nächste Laut, wird vom Inneren der Mundhöhle über die Zunge ausgerollt. Durch diese Art der Produktion kann der Klang über eine längere Zeit hinweg ausgedehnt oder gehalten werden, und er repräsentiert die mittlere Phase, die der Erhaltung. Der Laut „m" kann nur durch Schließen der Lippen produziert werden und steht für die letzte, den Zyklus abschließende Phase. Um einen neuen Klang zu produzieren, muss der Mund wieder geöffnet werden. „M" bringt somit symbolisch zu Ende, womit der Mund begann.

Neben dieser symbolischen und physiologischen Interpretation gibt es für Aum verschiedene weitere Auslegungen. In einer, aus der vorangegangen Erklärung abgeleiteten Interpretation stehen „a" für *Sattva und Brahmā,* „u" für *Rajas* und *Vishnu* sowie „m" für *Tamas* und *Shiva.*

Eine weitere Interpretation geht von „a" aus, als *Ākāra,* Form oder Erdelement; „u" bedeutet die Aufwärtsbewegung zum Luftelement; und „m" führt darüber hinaus in die Leere.

Von allen Interpretationen kommt die höchste philosophische Bedeutung der in der *Chāndogya-Upanishad* und noch detaillierter in der *Māndūkya-Upanishad* ausgeführten Erklärung zu. Die *Māndūkya* sagt, „a" stehe für den Wachzustand, in dem wir die Welt durch unsere Sinnenorgane und das Bewusstsein erfahren; wir leben in der Welt und erfreuen uns und leiden an ihr. Dieser Bewusstseinszustand wird, wie bereits früher erwähnt, als *Jāgrat-Avasthā* bezeichnet. In der Folge repräsentiert „u" den Traumzustand, *Svapna-Avasthā,* sowie den feinstofflichen, subtilen Körper, *Sūkshma Sharīra*[95]. „M" schließlich steht für den Zustand des Tiefschlafs, *Sushupti,* oder *Kārana-Sharīra,* den Kausalkörper[96]. *Aum* soll nicht schroff, wie ein ärgerliches Schnauben ausgesprochen werden; dann hinterlässt es den gleichsam

---

95 Auch Astralkörper genannt.
96 Der Kausalkörper repräsentiert das Brahman, das reine Bewusstsein oder das höchste Selbst.

summenden, *Ardha-Mātrā* genannten Nachklang, wie das Verklingen eines angeschlagenen Gongs. Dies repräsentiert *Turīya-Avasthā*[97].

Die Essenz von *Aum* lässt sich aufgrund der Zeichen des westlichen Alphabets nicht richtig erfassen. In der *Devanāgarī*[98] wird das Wort als Symbol gezeichnet.[99] Wie alle anderen Dinge im *Vedānta*, ist es auf eine Weise gestaltet, die das Subtile vom Stofflichen unterscheidet. Es hilft, die verschiedenen, durch die Vibration des Klangs bewirkten Bewusstseinszustände zu visualisieren. (Von einer Verlängerung der Aussprache des „u" wird angenommen, dass sich die Wirkung des Klangs nach außen verbreite, während die Verlängerung des „m" dazu verhelfe, sich selbst in einen meditativen Zustand zu versetzen.) Der obere Bogen des Zeichens der *Devanāgarī* steht für *Bhūr*, Erde, beziehungsweise *Jāgrat-Avasthā*, Wachzustand; der untere für *Bhuvar*, die feinstoffliche Welt, sowie *Svapna-Avasthā*, den Traumzustand. Der andere, dem Rüssel eines Elefanten gleichende Bogen repräsentiert *Svar-Loka*, die Himmelswelt, sowie *Sushupti*, den Tiefschlaf. (*Lord Ganesha* wird *Aumkārarūpa* genannt, weil *Aum in Devanāgarī* an ein Ideogramm für das Gesicht eines Elefanten erinnert.) Der kleine Halbmond mit dem Stern steht für *Ardha-Mātrā*, den nach der abgeschlossenen Aussprache von *Aum* nachschwingenden Klang, auch *Anāhata*-Chakra genannt. *Anāhata* bedeutet in diesem Zusammenhang den nicht angeschlagenen Klang. In der Meditation wird man ihn im Innern hören.

Da eine vollständige Darlegung von *Aum* endlos wäre und den Umfang dieses kurzen Kapitels überschreiten würde, soll nur noch ein abschließender, aber wesentlicher Bezug erfolgen, indem wir uns der *Katha-Upanishad* zuwenden. (*Yama*, der Gott des Todes, sagt darin zu

---

97 Die kausale Ebene, *Brahman* oder das reine Bewusstsein, das die drei gewöhnlichen
Bewusstseinszustände - Wachzustand, Traumzustand und Tiefschlaf
- überschreitet und umfasst.
98 Die Schrift, in der Sanskrit und einige neuindische Sprachen wie z.B. Hindi, Marathi
und Nepali geschrieben werden.
99 *Devanāgarī*: Aum

Nachiketas[100]): „Dieses Wort, das alle Veden verkünden, das die Askese all jener prägt, die das Leben eines spirituellen Schülers führen, dieses Wort will ich dir in Kürze nennen. Es ist *AUM*. Diese Silbe ist wahrlich der ewige Geist. Diese Silbe, ist in der Tat der Höhepunkt, denn dem, der diese Silbe kennt, wird die Erfüllung aller Wünsche gewährt."

Die auf das *Aum* folgenden drei Wörter der ersten Zeile – *Bhūr, Bhuvar* und *Svah* – sind eine Art zusätzlicher Erklärung des symbolischen Gehalts von *Aum*. Dabei sind zwei unterschiedliche Deutungen möglich: Während das *Pranava, Aum,* sich an den *Īshvara* als das unteilbare absolute Bewusstsein richtet, zielen die *Vyāhritīs* auf die Gottheiten, welche die physische, die astrale und die mentale Ebene des Alltagslebens bestimmen: *Agni, Vayu und Aditī*[101] mit ihren *Vyāhritīs* und *Bījas,* Keimsilben[102].

Es gibt noch einen weiteren Bezug zwischen dem Pranava, *Aum,* und den *Vyāhritīs*. Gemäß der *Chāndogya-Upanishad* meditierte Prajāpati[103] über das dreifache Wissen (die drei Veden). Dem Resultat seiner Meditation entnahm er als dessen Essenz das *Bhūr* aus dem *Rigveda,* das *Bhuvar* aus dem *Yajurveda* sowie das *Svah* aus dem *Sāmaveda.* Als er weiter über diese drei *Vyāhritīs* nachsann, erschien ihm als Ergebnis die Silbe *Aum*.

Um auf das eigentliche Mantra zurückzukommen, soll darauf hingewiesen sein – und dies ist sehr wichtig –, dass das *Gāyatrī-Mantra* auf so viele Weisen interpretiert wird, wie es Gelehrte und deren individuelle Ansichten gibt. Es gibt für diese Vielfalt der Ansichten vielerlei Gründe anzuführen. Indem wir erst einmal von der Inkompetenz mancher Interpreten absehen, gelangen wir zu einer

---

100 In der *Katha-Upanishad (Kathopanishad)* erzählte Legende, worin der Weise Vajashravasa seinen Sohn Nachiketas als Verzicht auf sein Liebstes Yama, dem Gott des Todes, übergibt.
101 Gottheiten von Feuer (*Agni*), Wind (*Vayu*) sowie die Himmels- und Erdenmutter (*Aditī*).
102 Aus einer Silbe bestehende *Mantras.*
103 Der vedische (androgyne) Schöpfergott, das erste aller Wesen sowie Herr der Geschöpfe, aus dem die empirische Welt als Emanation hervorgeht.

plausibleren Erklärung für die vielen Varianten: Sie liegt in der außerordentlich reichen und komplexen Natur der Sprache des Sanskrit. Oft besitzen, abhängig vom jeweiligen Kontext, dasselbe Wort oder derselbe Ausdruck unterschiedliche Bedeutungen. Auch innerhalb eines bestimmten Kontextes sind verschiedene verwandte Bedeutungen möglich. Damit nahe verbunden ist die differenzierte Natur des Wissenshintergrundes, die den jeweiligen sprachlichen Ausdruck prägt. Auch die streng logische Anwendung der grammatikalischen Analyse führt oft zu einer lediglich scheinbaren, doch nicht zur richtigen Bedeutung. Die korrekte Interpretation hängt einzig vom intuitiven Erfassen des subtilen Zusammenhangs jenseits des rationalen linguistischen Entzifferns ab.[104] Kurz gesagt: Jede wahre Bedeutung kann nur mit Hilfe von *Buddhi* gefunden werden, jener höheren Unterscheidungskraft, welche die Praxis des *Mantra* im Suchenden zu entwickeln vermag. Eine derartige Situation mag wie eine *Petitio Principii*, ein Zirkelbeweis, erscheinen. Doch genau darin liegt die Kraft des *Mantras* – die Kraft, den Suchenden tiefer und tiefer in die Kontemplation der ihm zugrunde liegenden Worte oder Silben zu führen.

Eine rohe, sinngetreue Interpretation – im Gegensatz zu einer Übersetzung – des *Gāyatrī-Mantra* ist folgende: „Wir kontemplieren die Quelle oder die Urheberschaft von allem, die wunderbare, glanzvolle Gottheit, und beten darum, dass unsere Intelligenz erleuchtet und angeregt werden möge, damit wir befähigt werden, die absolute Wahrheit zu verstehen."

Ein gibt ein ausschlaggebendes Element in diesem *Mantra*, das es von allen anderen *Mantras* absetzt: Es ist das Wort *dhīmahi*. Es bedeutet

---

104 Es ist sehr interessant, diese Situation mit jener der modernen Philosophie des Dekonstruktivismus zu vergleichen. Dekonstruktion wurde durch den französischen Philosophen Jacques Derrida in den späten 1960er Jahren eingeführt. Er vertrat die Ansicht, dass die westliche Philosophie in einer Tradition verwurzelt war, die Wahrheit und Gewissheit in der Deutung suchte, indem sie gewisse Interpretationsweisen bevorzugte und andere unterdrückte; er betonte andererseits die Unbeständigkeit und Vielschichtigkeit des Bedeutungsgehalts in der Sprache und die Unbegrenztheit (oder Unmöglichkeit) der Interpretation.

entweder „Wir meditieren über ..." oder „Mögen wir über ... meditieren". Welche Bedeutung wir immer für uns aussuchen, eine Bekräftigung oder ein Gebet: Die Form der Mehrzahl für das Subjekt – wir – ist entscheidend und von größter Bedeutung. Warum denn sollte das *Mantra* von einem mehrfachen Subjekt ausgehen, wenn es üblicherweise als persönliches *Mantra* gesungen oder rezitiert wird? Die Mehrzahl weist darauf hin, dass das Gebet zum Wohle aller ist, auch wenn es den Suchenden um die Entfaltung des eigenen spirituellen Bewusstseins geht. Das „Wir" erinnert an das eine in allem wirkende universale Bewusstsein. Dieses Überschreiten des engen Wunsches nach persönlichem Nutzen ist es, was dem *Gāyatrī-Mantra* seine große Kraft verleiht.

Wie alle *Mantras* hat das *Gāyatrī-Mantra* seine schützende Gottheit, obwohl es an *Savitā*, die Sonne, gerichtet ist. Und diese Gottheit ist *Gāyatrī*, die weibliche Entsprechung der Trinität von *Brahmā*, *Vishnu* und *Shiva*, oder besser ihrer drei Gemahlinnen *Sarasvati*, *Lakshmī* und *Kālī*, den Vertreterinnen von Lernen, Wohlstand und Schutz. Diese drei werden um ihrer weltlichen Gaben Willen angebetet, während *Gāyatrī* angerufen wird, uns *Buddhi* zu verleihen, damit wir unsere wahre Natur verstehen, mit der wir – indem wir sie erkennen – alles besitzen. Es ist die Identifikation mit unserem individuellen Selbst oder Ich, die uns in Knechtschaft wirft. Doch das göttliche Licht *Savitas* hilft, uns aus der Knechtschaft zu befreien, damit uns die Kraft von *Gāyatrī* umhülle.

Nicht zuletzt ist das *Gāyatrī-Mantra* noch auf andere Weise einzigartig. Es ist das einzige *Mantra*, das die Eigenschaften von Gebet und *Mantra* in sich vereinigt. Es verbindet die dem Klang innewohnende Kraft des *Mantras* (auch wenn dessen wörtliche Bedeutung nicht bekannt ist) mit der Kraft des Gebets.

Todesfurcht

Ohne Zweifel fürchten alle Menschen in größerem oder kleinerem Maß den Tod – außer, natürlich, man ist ein jenseits der Sorge um Leben und Tod lebender Heiliger oder der abwegig extremen Neigung verfallen, seinem Leben ein Ende zu setzen. Liegt dies daran, dass in der Tiefe des menschlichen Wesens zwar eine Ahnung von Ewigkeit existiert, aber wir nicht wissen, dass lediglich der vergängliche Körper mit dem Tod verschwindet und nicht das Wesen, das es dort geben soll, und das nicht verschwindet?

Eine positive Antwort auf diese Frage ist, gelinde gesagt, umstritten, da die meisten Menschen sich der Existenz von etwas Ewigem neben dem Körper, der für sie den Kern des menschlichen Wesens ausmacht, nicht bewusst sind. Der normale Mensch ist dessen nicht gewahr, und ohne dieses Wissen, hat er keinen Grund, so etwas zu vermuten. Dies soll natürlich nicht die Möglichkeit leugnen, dass ihn solche Gedanken dennoch beschäftigen. Es ist ziemlich wahrscheinlich, dass jedes menschliche Wesen irgendwo in der Tiefe empfindet, es müsse etwas Ewiges in ihm geben, und es ihm deshalb widerstrebt, sein Leben gewaltsam zu beenden. Derartige Gedanken tauchen erst dann auf, wenn wir spüren, dass alles zu Ende geht und der Tod bevorsteht. In dieser Lage fürchten wir uns vor dem Tod, weil wir nicht wissen, was danach geschehen wird.

Bei näherer Betrachtung wirst du jedoch herausfinden, dass die Furcht vor dem Tod nicht daher kommt, dass du nicht weißt, was nach dem Tod geschehen wird, sondern weil du fürchtest, alles zu verlieren, das du im Laufe deines Lebens angesammelt hast. Unsere größte Angst vor dem Sterben besteht darin, unseren ganzen Besitz zu verlieren oder vielmehr alles, das wir zu besitzen glauben. Denn, niemand besitzt irgendetwas, auch wenn wir das Gefühl haben, dem sei so. Darum steht diese Angst ganz vordergründig im Bewusstsein eines Menschen, der seinem Tod entgegen geht. Wir nehmen an, dass der Tod alles auslöschen wird. Dies ist der Hauptgrund für die Furcht vor dem Tod. Deshalb möchten wir gerne annehmen, dass es nach dem Tod eine Art von Existenz gibt, in der wir etwas anderes besitzen können. Der Geist mag dann durch die Annahme zufriedengestellt sein, dass wir zwar hier etwas verlieren, aber dort drüben wieder etwas bekommen. Ich will hier nicht darüber diskutieren, ob es ein Leben nach dem Tod gibt oder nicht; dies ist eine offene Frage ohne irgendeine definitive Antwort. Ich sage lediglich, dass die Furcht vor dem Tod vor allem in der Befürchtung liegt, man werde alle seine Besitztümer verlieren, nicht nur physisch und materiell, sondern alles, das wir uns vorstellen können. Wichtiger als physischer und materieller Besitz sind sehr viele mentale Dinge, die wir kreieren und an denen wir hängen. Sogar diese Dinge werden verschwinden.

Für das Existieren einer unvergänglichen und unveränderbaren Substanz hinter allem Vergänglichen und dem Wandel Unterworfenen, wie es unsere Schriften – die nicht einfach als Wunschdenken zur Beruhigung unserer Furcht vor dem Tod gesehen werden dürfen – verkünden, spricht die Erfahrung von Shrī Ramana Maharshi – wiederum ein nicht leicht zu verifizierender Beweis. Sehr früh in seinem Leben hatte er die ungewöhnliche Erfahrung, dass er im Begriff war zu sterben. So sagte er zu sich selbst (er war noch sehr jung): „Ich werde sterben. Also werde ich mich auf mein Bett niederlegen wie ein toter Körper." Er hatte gesehen, wie tote Körper auf den Boden gelegt wurden, bevor man sie zur Stätte der Verbrennung brachte. Dann schloss er die Augen. Da war kein Atem mehr; alles war angehalten, es gab nicht mehr die geringste Bewegung. Doch dann realisierte er, dass er noch immer lebendig war. Dies war nicht lediglich eine Simulation des Todes, zu der jedermann allein mittels einer überaktiven Vorstellungskraft gelangen kann. Er hatte wirklich eine Todeserfahrung, denn er hatte tatsächlich aufgehört zu atmen, es gab keinerlei Art von Bewegung, und er konnte alles sehen, was hier unten geschah. Er sagte sich: „Nun ist der Körper tot. Sie werden ihn zur Verbrennungsstätte tragen." Als er realisierte, dass er nicht gestorben war, dachte er für sich: „Ich bin noch immer hier, doch ist dies, wie ich mir den Tod vorstellen könnte. So gibt es vielleicht etwas, das nach dem Tod weiterlebt. Ist es physisch, ist es mental, oder ist es etwas jenseits von Körper und Bewusstsein? Ist es lediglich das Gehirn, das versucht sich zu schützen oder gibt es da einen Bediener, auch für das Gehirn, da das Gehirn ein sehr komplizierter Organismus ist?"

Schmerz im Licht des Yoga

Kein Mensch möchte Schmerz erfahren, es sei denn man versichere ihm, die Erfahrung von Schmerz werde zu mehr Glück führen. Ich habe nichts dagegen, etwas Schmerz in Kauf zu nehmen, so lange daraus ein wenig Glück resultiert, mit dem ich den Schmerz kompensieren kann. Ansonsten wünscht sich niemand, Schmerz zu erfahren. Dies gründet in einer natürlichen Neigung des Bewusstseins, nach Glück zu streben, was nichts anderes ist als das Bestreben, den sich in allen Menschen manifestierenden Schmerz zu lindern. Jedes menschliche Wesen hat das Bedürfnis, sich dem Glück zuzuwenden. Das einzige Problem besteht darin, dass – wenn du sorgfältig darauf achtest – nach jedem Quäntchen Glück gleich wieder ein Schatten von Unzufriedenheit auftaucht.

Wenn du denkst, alles, das zu deiner Unzufriedenheit beigetragen hat, sei nun vorbei und du seist nun glücklich, geschieht dir etwas anderes, und das Glück ist wieder weg. Nun erklären die *Rishis*, in deinem Innern existiere ein Kern von Glück. Wenn du dich ihm zuwendest, sei das, was dir im Außen gelingt oder misslingt, absolut ohne Bedeutung. Suchst du nach der letzteren Art von Glück, blickt dein Geist nach außen, ohne darum zu wissen, dass das wirkliche Glück im Inneren existiert. Deshalb wird er, wann immer Schmerz entsteht, versuchen, ihn loszuwerden. Den Schmerz loszuwerden, ist allein schon Glück; somit entfällt der Wunsch nach irgendeinem anderen, positiven Glück. Ist der Schmerz weg, bleibt Glück. Der Körper mag nie Schmerz empfinden, und deshalb schützt ihn auch ein innerer biologischer Mechanismus davor. Deshalb kommt es laufend zu automatischen Reaktionen auf den

Schmerz. Wer möchte gerne unter Schmerzen leiden? Man versucht, Schmerz so weit wie möglich zu vermeiden – für den physischen Körper wie auch für die Seele. Ist der Körper krank, kann sich der Geist zu nichts Subtilerem oder Höherem aufschwingen, weil er immer an den Schmerz im Körper denken wird. Während physischer Übungen oder Körperstellungen sollte man bewusst dafür sorgen, so weit wie möglich keinen Schmerz zu verursachen. Deshalb beinhaltet *Yoga* keinerlei physische Martern. Aufrecht zu sitzen ist keine Marter. Es ist normalerweise allen Menschen möglich, doch kann es für diejenigen, die dies nicht von frühem Alter an gewohnt sind, dennoch schwierig sein. Wenn man früh beginnt, kann man aufrecht und sehr bequem sitzen. Doch auch wenn man nicht aufrecht sitzt, wird die Selbstverwirklichung nicht darunter leiden; dessen kann ich euch versichern. Doch es ist gut, aufrecht zu sitzen. Wenn du aufrecht sitzt, bist du wach und bereit, und du fühlst dich unter Kontrolle. Doch, wenn jemand an Rückenschmerzen oder etwas anderem leidet, ist es unsinnig ihm oder ihr zu sagen: „Du musst für die spirituelle Erforschung aufrecht sitzen; du solltest dich nirgends anlehnen." Also erlaube ihnen, sich an ein Kissen oder was auch immer anzulehnen; es macht nichts aus.

Spiritualität und Materialismus

In diesem Kapitel, möchte ich mich mit einem Thema befassen, das seit jeher den Geist zweierlei Arten von Menschen beschäftigt. Das sind einerseits jene, die sich spirituell entfalten, die sich auf einem Weg befinden, und andererseits jene, die keinen inneren Weg gehen, aber nie eine Gelegenheit auslassen, jene zu kritisieren, die es tun. Das Thema lässt offensichtlich die Vertreter beider Geisteshaltungen nicht los.

Ist es möglich, in der materiellen Welt ein Leben wie jeder normale Mensch zu führen und gleichzeitig das spirituelle Streben aufrechtzuerhalten und auf eine Art und Weise zu arbeiten, die hilft, das Ziel der spirituellen Erfüllung zu erlangen? Dies ist die Frage.

Einige sind der Meinung, dies sei nicht möglich. Man müsse sich vollständig der spirituellen Praxis widmen und sich von der materiellen Welt befreien, dieser Welt entfliehen, ihr gewissermaßen entsagen und *Sannyās* nehmen, Mönch werden und dann eine spirituelle Schulung durchlaufen, um sich dem Ziel von *Nirvāna* annähern zu können. Dies ist die Auffassung der Gruppe, die sagt, es sei nicht möglich, beide Welten zu vereinen. Diese Gruppe glaubt, wie es in der Bibel steht: „Du kannst nicht zugleich Gott und dem Mammon dienen."

Die Vertreter der anderen Gruppe sagen: „Nun, wenn die Welt eine Blockierung oder ein Hindernis auf dem Weg zur spirituellen Erfüllung wäre, hätte der höchste Gott, das höchste Wesen, die Welt gar nicht erst erschaffen. Allein die Tatsache, dass die Welt um uns herum und auch in uns existiert, in unserem Geist, bedeutet, dass ein bestimmter Grund dahinter steht.

Sie ist da, um unser Verständnis zu wecken, uns zu lehren, wie wir wachsen und vollständig werden können, damit wir, wenn wir diese Erde verlassen – oder sogar noch während wir in der Welt verweilen – in höhere Sphären spiritueller Erfahrung und zu höheren Ebenen spirituellen Bewusstseins aufgestiegen sein mögen: vom Mineral zur Pflanze, von der Pflanze zum Tier, vom Tier zum Menschen, vom Menschen zu engelhaftem Bewusstsein und schließlich weit darüber hinaus zu Gottesbewusstsein.

Ich persönlich würde der zweiten Auffassung folgen, die sagt: „Es ist möglich, in dieser Welt zu leben und gleichzeitig spirituelle Erfüllung zu erreichen – unter der Bedingung, dass man die zu befolgenden Regeln und Vorschriften kennt, die Verkehrssignale, die man zu beachten hat, wo man beschleunigen solle und wo nicht, welche Geschwindigkeitsgrenzen in dieser Welt einzuhalten sind und so weiter, sodass man diese Welt als Schule benutzt, in deren Abschlussklasse man in höhere Bereiche des Bewusstseins aufsteigt."

Ich persönlich bin der Meinung, dass die Welt ganz aufzugeben, sich den Kopf zu rasieren, um der Welt zu entsagen und sie zu fliehen, nicht die richtige Weise ist, sich auf dem spirituellen Weg zu bewegen. Tatsächlich gibt es Beispiele großer Heiliger, großer *Rishis* und großer Wesen, die dies nicht getan haben. Dies ist keine bloße Marotte von mir.

Lass uns mit den alten *Rishis* beginnen. Die *Rishis* der früheren Zeiten, die Verfasser sämtlicher großen Lehren, die uns überliefert sind, waren alle verheiratet. Sie alle lebten mit ihrer Familie. Natürlich lebten sie in schöner Umgebung, oft anders als wir in Wäldern mit reiner Luft. Doch sie liefen nie plötzlich davon, um der Welt zu entsagen. Um überhaupt zu einem Weltentsager werden zu können, muss man erst einmal entdecken, dass die Existenz eine Illusion ist. Vorher kann man der Welt nicht entsagen.

Deshalb haben die traditionellen Lehren das Leben in vier Abschnitte aufgeteilt. Die erste Phase ist *Brahmacharya*. Es ist die Zeit des Lernens, in der man seine ganze Kraft dem Studium widmet und durch andere so unterstützt wird, dass man sich nicht um den Lebensunterhalt zu ängstigen braucht. Auch lebt man enthaltsam, weil man nicht verheiratet ist, und je mehr Energie man mental und physisch einspart, desto mehr hat man zur Verfügung, um sein Verständnis und Wissen zu vermehren.

Nach dem Abschluss der Phase des *Brahmacharya* – man hat inzwischen die Studien nach den individuellen Möglichkeiten des eigenen Hintergrundes und der eigenen Fähigkeiten bestmöglich abgeschlossen – geht man in die nächste, *Grihastha* genannte Phase über. In diesem Lebensabschnitt gründet man eine Familie mit Frau und Kindern; man nimmt eine Arbeit in dieser Welt an, um sich selbst und die eigene Familie zu erhalten, und man fährt fort zu lernen, damit man letztendlich die spirituelle Erfüllung zu erreichen vermag, das höchste Ziel des Seins auf dieser Erde.

Wenn die Verantwortlichkeiten als *Grihastha* sich schon fast dem Ende zuneigen, ist es wichtig, umsichtig zu sein und irgendwo Grenzen zu setzen. Unterstützt man seine Kinder grenzenlos, werden sie vermutlich niemals für sich selbst sorgen. Sind sie erst einmal erwachsen und stehen auf eigenen Füßen, vielleicht verheiratet und daran, sich selbst ein Heim einzurichten, dann ist man frei dazu, mehr Zeit im Rückzug an einem stillen Ort zu verbringen. Ungestört durch tägliche Anrufe, besitzt man jetzt die Freiheit zu kontemplieren und tiefer in das Wissen einzudringen, das man während der Phasen des *Brahmacharya* und des *Grihastha* erworben hat. Dies wird *Vānaprastha* genannt.

Bevor wir uns *Vānaprastha* widmen: Was würden wir in der Phase des *Grihastha* erreichen, das über das als *Brahmacharya* erlangte hinausgeht? Wenn du noch unverheiratet und allein bist und in der Einsamkeit, in einer Schule oder an einer Hochschule studierst, bist du frei, denn du hast keine Verantwortlichkeiten außer deiner Eigenverantwortung als vernünftiger Student, und du richtest deine ganze Energie auf das Verständnis der zeitlich wie spirituell zu deinem Studienbereich gehörenden Themen aus; daneben bist du frei wie ein Vogel.

Doch sobald du einmal verheiratet bist, gibt es einen Menschen mehr in deinem Leben. Du kannst keine unabhängigen, dich allein betreffenden Entscheidungen treffen. Du musst die Dinge ausführlich mit deiner Partnerin besprechen. Ihr werdet daran erinnert, dass aufgrund von Unterschieden eures jeweiligen Hintergrundes zwangsläufig auch Meinungsverschiedenheiten bestehen werden. Das wird Spannungen mit sich bringen, möglicherweise auch Konflikte. Wie wir mit unseren Problemen umgehen, darüber denken, sie lösen und daraus hervorgehen, führt zur Reifung des Bewusstseins. Deshalb meine ich, dass es fast unerlässlich ist, diese Phase zu durchlaufen, weil sie dich weniger ichbezogen macht.

Du wirst weniger egoistisch, weil es nicht allein um dich geht. Du sorgst auch für deine Familie; es mag deine unmittelbare Familie sein, doch ist es jemand anders als dein eigenes Ich. Du lernst, deine Emotionen, deinen Ärger zu kontrollieren; du lernst den Standpunkt des anderen wahrzunehmen. Gelingt dir das nicht, wird die Ehe deiner *Sādhanā* nicht förderlich sein. Doch finde ich, dass man heiraten sollte. Die Alternative wäre, ledig zu bleiben, nicht durch alle diese Erfahrungen zu gehen, sondern einfach zu glauben, man sei frei von alledem.

Mir scheint, dass die meisten Menschen, die aus *Brahmacharya* direkt in *Sannyāsa* springen, nach einer Weile in Schwierigkeiten geraten, weil ihnen die Bedingungen und die Atmosphäre fehlen, das während des *Brahmacharya* Gelernte auf die Probe zu stellen. Nicht zu übersehen ist die Tatsache, dass der sexuelle Impuls der stärkste in der menschlichen Natur ist. Bei den meisten Menschen mögen 99% dieses Verlangens vollständig unter Kontrolle sein. Das verbleibende eine Prozent wird jedoch unweigerlich bei irgendeinem Anlass an die Oberfläche kommen, ganz speziell im Falle eines gut genährten, gesunden, praktizierenden *Brahmachāri*. Sofern oder solange keine legitimen Kanäle für das Ausleben einer gesunden Sexualität bestehen, wird sich der Drang in neun von zehn Fällen in unrechter oder ungesetzlicher Weise erfüllen. Deshalb hören wir immer wieder über Skandale in den *Āshrams*.

Der *Brahmachārin* oder der Leiter eines *Āshrams* oder jemand im Āshram spielt plötzlich verrückt, es gibt Berichte in den Medien und die ganze Institution kommt infolge der Aktivitäten einer Person, die nicht in der Lage war, mit ihren Gefühlen und biologischen Impulsen auf andere Weise umzugehen, in Misskredit. Der Geist solcher Menschen kann sich auch in verschiedenen seelischen Verwirrungen, wenn nicht gar im Wahnsinn verlieren. Deshalb ist es für die meisten Menschen, zumindest für gewöhnliche Leute wie du und ich, eine gute Idee, zu heiraten und ein Familienleben zu führen und aus den Erfahrungen der Phase des *Grihastha* zu lernen. Glaube mir, es gibt dabei einiges zu lernen.

Mein Meister pflegte zu sagen, dass alles gut geht, solange du in einer Höhle lebst und für dich allein wanderst. Dann kannst du dir sagen: „Ich habe meine Emotionen unter Kontrolle, ich bin nicht neidisch, ich bin nicht verärgert!", und so weiter. Doch die Realität ist, dass da einfach niemand ist, über den du dich ärgern könntest. Niemand ist da, den du beneiden könntest. Bist du jedoch in einer Familie, verheiratet, hast deine eigenen Kinder, so ist alles anders. Dann beginnst du, deine Familie mit anderen Familien zu vergleichen. Deine Frau mag gelegentlich sagen: „Ach, wir haben nur einen *Santro,* die Nachbarn fahren einen *Ikon,*[105] wie kann das sein?" Dies ist die wirkliche Prüfung. Dies ist der Ort, die Situation oder die Zeit, da sich zeigt, ob du mit derartigen Herausforderungen umzugehen weißt. Nur dank solcher Prüfungen wächst und reift das Ehepaar spirituell.

Die *Sufi*-Mystiker sind in dieser Hinsicht unmissverständlich. Sie erachten einen unverheirateten Suchenden oder Sādhaka (den sie als Reisenden auf dem Weg bezeichnen) als unvollständig. Selbstverständlich gab es große Heilige unter den *Sufis,* die unverheiratet blieben, doch sie sind selten. Nizamuddin Aulia aus Delhi war eine solche Ausnahme. Meist jedoch, wenn der Suchende, der *Murid,* zum Lehrer geht und sagt: „Ich will Euch folgen und initiiert werden", wird ihn der Lehrer fragen, ob er

---

105 *Santro* und *Ikon* sind unterschiedlich teure Automodelle.

verheiratet sei. Wenn nicht, erhält er lediglich vorbereitende Übungen und wird aufgefordert zu warten, bis er in der Lage sei, eine Familie zu unterhalten. Dies soll nicht heißen, dass man nicht gewisse Zeiten oder Perioden des Rückzugs und der Einsamkeit braucht. Für die Ausübung einer intensiven spirituellen *Sādhanā* ist dies sogar notwendig.

Im allgemeinen ist es ratsam, nach *Brahmacharya* den traditionell darauf folgenden Abschnitt, *Grihastha,* zu durchleben und, wenn die Aufgaben dieser Phase einigermaßen geregelt sind, mit *Vānaprastha* zu beginnen. *Vānaprashta* bedeutet, den Wald aufzusuchen, was mit sich bringt, mehr Zeit mit Studien, Rückzug und Meditation zu verbringen, bis man die Wahrheit erkannt hat oder zumindest einen flüchtigen Funken, eine flüchtige Vision der letzten strahlenden Freiheit erhält – der Wahrheit! Hat man die Wahrheit erfahren und gesehen, dass im Vergleich dazu nichts anderes wesentlich ist, wird man ein *Sannyāsin*. Man gibt auf. Man verzichtet auf wertlose Nichtigkeiten, weil man den wirklichen Schatz gefunden hat. Dies ist der richtige *Sannyāsa* – nicht die Arbeit oder die ganze Welt aufzugeben und sich in den Wald oder eine Höhle zurückzuziehen.

Wenn du in eine Höhle gehst, dann bedenke, dass du alles zurücklassen kannst, nur deinen Geist nicht. Ja! Der Geist ist das Problem, nicht die materiellen Dinge, die dich umgeben. Deshalb würde ich sagen, der einzige Weg, sich von den Verlockungen der materiellen Welt zu befreien, besteht darin, mitten darin zu leben, Führung beim Lehrer zu suchen und den Umgang mit der Welt zu lernen und so mit ihr in Einklang zu kommen, dass man sie zur richtigen Zeit vielleicht überschreiten und zurücklassen kann.

Ich habe über die großen *Rishis* gesprochen, einschließlich des Veda-Vyāsa, der als Verfasser der Veden gilt. Auch er war verheiratet. Es gab einen großen *Rishi* namens Janaka, der sowohl König als auch ein *Rishi* war, ein *Rāja-Rishi*. Sita war seine Tochter. Es gibt eine interessante Geschichte über den großen Janaka und Shukadeva, den bedeutenden Sohn des Veda-Vyāsa. Shuka war bereits von Geburt an eine freie Seele;

sein einziges Interesse galt der spirituellen Entfaltung. Man bezeichnete ihn als „Paramahamsa"[106]. Shuka hat der Welt die Lehren der „Bhagavad"[107] vermittelt. Die „Bhagavad" ist mehr als eine Sammlung von Geschichten für den simplen Dörfler, als die sie oft eingeschätzt wird. Sie ist vielmehr eine wunderbare Aufzeichnung, eine bezaubernde Sammlung von Geschichten, welche die großen Wahrheiten vermitteln. Du kannst sie auch als spirituelle Parabeln verstehen; ein Schatz an spirituellem Wissen.

Der junge Weise Shukadeva wurde von Veda-Vyāsa zum großen *Rishi* Janaka gesandt, um von ihm einige Dinge zu lernen, die ihm noch fehlten. Die Legende sagt, dass Shukadeva ohnehin als Heiliger galt, denn seine allerersten Worte, unmittelbar nach seiner Geburt lauteten: „Lasst mich gehen, lasst mich frei." Dieser Shuka, ein junger Knabe, geht also zu Janaka in der großen Stadt Videha und bittet den großen König und *Rishi*, ihn als seinen Schüler anzunehmen.

Janaka antwortet: „Gut, das sei dir gewährt. Doch musst du erst etwas für mich tun." Darauf erwidert Shukadeva: "Ja, Ihr seid der König. Doch ich bin der Sohn eines *Rishi*. Sagt mir, wie es möglich ist, dass Ihr Euren spirituellen Geist auf einer hohen Ebene halten und gleichzeitig in dieser Welt funktionieren könnt, während Ihr Euer Königreich regiert."

Janaka insistiert: „Erst tue etwas für mich, dann komme zurück, und ich werde deine Frage beantworten."

„Sprecht, Herr", sagt Shuka.

Daraufhin reicht ihm König Janaka ein kleines, bis zum Rand mit Öl gefülltes Gefäß und heißt ihn, es mit einer Hand auf seinem Kopf zu halten, während er durch die Stadt Videha gehe, und auf alle Einzelheiten zu achten, um dann zurückzukommen und ihm zu berichten, was er gesehen habe.

---

106 Vedischer Ehrentitel, der einem hinduistischen Asketen von seinem Meister verliehen wird.
107 Die *Bhagavad-Gītā*, „Der Gesang des Erhabenen", eine der zentralen Schriften des Hinduismus.

Dann erlegt Janaka ihm noch eine weitere Bedingung auf: „Während du in der Stadt umhergehst, alles anschaust, zurückkommst und mir im Einzelnen berichtest, sollst du dafür Sorge tragen, dass nicht ein Tropfen Öl aus dem Gefäß, das du auf dem Kopf trägst, verloren geht."

Shukadeva stimmt zu, nimmt das mit Öl gefüllte Gefäß auf den Kopf, wandert durch die Stadt Videha, indem er auf alles um ihn herum genauestens achtet, und nachdem er seine Runden abgeschlossen hat, kommt er zum König zurück, der ihn fragt: „Nun erzähle mir, was du gesehen hast."

Er erstattet einen vollständigen, detaillierten, präzisen Bericht über alles, was er wahrgenommen hat.

Janaka fragt ihn: „Was ist mit dem Öl? Hast du es verschüttet ... einen Tropfen oder einen halben?"

„Nein", sagt Shukadeva, „nicht einen Tropfen habe ich verschüttet."

„Wie hast du das gemacht?", fragt Janaka.

„Also", sagt Shukadeva, „meine Augen sahen alles. Mein Gehirn registrierte alles. Ihr mögt nun selbst beurteilen, wie präzis ich bin. Doch mein Geist war auf den kleinen Topf mit dem Öl fixiert, um mit Sicherheit keinen Tropfen zu verlieren. Denkt Ihr, es sei mir gelungen?"

„Ja, natürlich", erwidert Janaka. „Und damit hast du auch schon die Antwort auf deine Frage, wie ich dieses Königreich regiere, gefunden. Wie ich in dieser Welt lebe, verheiratet, mit Familie, mit diesem ganzen Königreich, das auch eine erweiterte Familie ist, und noch immer meinen Geist im höchsten Sein verankert halten kann. Ich mache es genau so, wie du es mit dem Öl gemacht hast. Meine Augen sehen, meine Ohren hören, meine Zunge antwortet, meine Hände arbeiten, meine Füße tragen mich, mein Gehirn registriert alles und antwortet auf alles, was geschieht. Doch mein Geist, der höhere Aspekt meines Bewusstseins, bleibt unbeirrbar in die Betrachtung des höchsten Seins vertieft. Wenn ich als König dies vermag, wird dies jedermann ebenfalls können. Es ist möglich!"

Shukadeva sagt: „O großer König, Ihr seid wahrlich gesegnet. Selten bin ich einem solchen *Rishi* begegnet."

In neuerer Zeit habt ihr alle von dem großen Lehrer Kabīr gehört, der in Benares lebte. Er war ein Weber. Seine *Dohās* (Verse) sind berühmt. Er lebte ein spirituelles Leben, sorgte mit seinem mageren Einkommen aus der Seidenweberei für sich selbst und seine Familie und war als großer Heiliger anerkannt.

Es gibt weitere Beispiele: Arjuna, dem die *Gītā*[108] offenbart wurde, war kein *Sannyāsin*. Auch Krishna, die Manifestation des höchsten Wesens, die Arjuna die *Gītā* lehrte, war kein *Sannyāsin*. Ich könnte unzählige Beispiele anführen. Der große Lahiri Mahasay, der den *Kriyā-Yoga* verbreitete, war Schüler des großen *Yogi* Babaji. Lahiri Mahasay lebte nach seinem Ausscheiden aus der Buchhaltungsabteilung der Eisenbahn in Benares. Noch während er bei der Bahn tätig war, traf er Babaji, praktizierte seinen *Kriyā-Yoga* und wurde zum großen Heiligen. Nach seiner Pensionierung ließ er sich in Benares nieder; an einem ruhigen Ort, mit seiner Frau und zwei Söhnen, und sehr bald gab es mehrere kleine Gruppen, die den *Kriyā-Yoga* praktizierten. Er lebte ein heiliges Leben in Benares und verdiente seinen Lebensunterhalt durch privaten Unterricht in Sanskrit. Lahiri Mahasay war zweifellos eine mächtige spirituelle Gestalt. Er war auch als Shyama Charan Lahiri bekannt; in der *Autobiografie eines Yogi* kannst du über ihn lesen.

Ein interessanter Vorfall im Leben des Lahiri Mahasay sei noch erwähnt: Als Panchanan Bhattacharya aus Devgarh in Bihar, der später sein Hauptschüler werden sollte, Lahiri Mahasay darum bat, in den *Kriyā-Yoga* initiiert zu werden, forderte der ihn auf, seine Entsagung, sein formelles Sannyās, aufzugeben, bevor er zu ihm komme. Er wies ihn an: „Erst musst du eine Familie haben. Es war für dich ein Leichtes, *Sannyās* zu nehmen. Gib *Sannyās* auf und komme zu mir zurück. Dann werde ich dir *Kriyā-Yoga* geben." Dies soll nicht heißen, dass Lahiri Mahasay nicht auch mönchische Schüler hatte. Er hatte durchaus solche, und einige seiner berühmten monastischen Schüler nahmen erst nach seinem Hinscheiden *Sannyās,* damit er ihnen die Erlaubnis nicht verweigern

---

108 Bhagavad-Gītā.

konnte.

Ich inszeniere hier keinen Anschlag auf die Institution des *Sannyās*. Weit entfernt davon, sage ich lediglich, dass für die meisten gewöhnlichen Menschen wie du und ich und nicht so gewöhnliche Menschen wie Lahiri Mahasay, in dieser materiellen Welt zu leben, seinen Lebensunterhalt zu verdienen, sich all den Problemen und Plagen der weltlichen, banalen Existenz zu stellen und eine Familie zu haben, essenzielle Lernschritte auf dem Weg zum spirituellen Bewusstsein und in der Entfaltung hin zu den höheren Ebenen des Bewusstseins sind. Ich halte dies für die beste Vorgehensweise.

So könntet ihr alle, jung und alt, gewöhnliche Menschen wie ich, die verheiratet sind und Kinder haben, in Bezug auf eine spirituellen Praxis entmutigt werden, wenn man euch sagte, dass all dies den Entsagenden, *Sannyāsin*s, vorbehalten und nichts für gewöhnliche Menschen sei. Ihr als „Haushaltsvorstand" solltet erwidern: „Es ist so gut für mich wie für einen *Sannyāsin*. Auch wenn ich derzeit keinen Wunsch verspüre, ein *Sannyāsin* zu werden, bin ich trotzdem ernsthaft an meiner spirituellen Entfaltung interessiert. Menschen, die in dieser Welt gelebt und für ihren Lebensunterhalt gesorgt haben, haben ebenfalls große spirituelle Höhen erlangt. Diese sind nicht exklusiv für *Sannyāsin*s reserviert."

Was mich betrifft, habe ich den Weg durch die Ehe genommen und bin noch immer verheiratet. Dieser Umstand hat mir in einem wesentlichen Ausmaß geholfen, auf dem spirituellen Weg zu wachsen und mich zu entfalten. Deine Gattin ist üblicherweise die größte Kritikerin im Hause, denn sie erlebt dich unter allen Umständen, und ihre Kritik sollte immer als konstruktiv aufgenommen werden, denn sie hilft dir, bescheiden zu bleiben. Sie hilft dir, wachsam zu bleiben, deinen Geist zu beobachten und ihn zu sehen, wie er tatsächlich ist und nicht wie du ihn dir vorstellst. Und solange du deinen Geist nicht kennst, wie er ist, gibt es keine Möglichkeit ihn zu verändern oder zu transformieren. Somit würde ich behaupten, dass in dieser Welt zu leben und das Leben zu erfahren, der Stein der Weisen ist, der dich schließlich zu reinigen und von rohem Metall zu reinem Gold zu transformieren vermag.

Falsche Vorstellungen von Kundalinī

Das Wort *Kundalinī* hat schon Tausende von Menschen fasziniert. Die meisten Menschen, die über die *Kundalinī* reden, verfügen nur über rudimentäre Kenntnisse des Yoga oder der Mystik, und sie kultivieren dabei fantastische und oft völlig unsinnige Ideen!

Kundalinī scheint zu den am meisten missverstandenen Begriffen zu gehören. Einige denken, dass es sich um eine mysteriöse, mit schwarzer Magie und den Orgien des *Kāpālika-Tantra*[109] verbundene Kraft handle. Andere, in menschlicher Anatomie und Physiologie gut ausgebildete Menschen, die unglücklicherweise weder die entsprechenden Schriften studiert haben noch von einem spirituellen Lehrer begleitet wurden, proklamieren, dass *Kundalinī* nichts anderes sei als ein Nerv – der rechte Vagusnerv zum Beispiel. Es gibt andere, die sagen, dass sich die *Kundalinī* und die Zentren, die sie durchläuft, auf der astralen oder wie auch immer benannten Ebene befänden, und sie malen sie sogar in fantastischen Farben, was sie besser finden als die graphische Darstellung der *Chakras*.

Eine Handvoll Menschen, die über das Thema geschrieben haben, wie Sir John Woodroffe, der Autor von *Die Schlangenkraft. Die Entfaltung schöpferischer Kräfte im Menschen,* haben sich die Mühe gemacht, sich mit dem Thema theoretisch und praktisch auseinanderzusetzen, und sie

---

109 Die Kāpālikas waren eine Gruppe tantrischer Verehrer Shivas, die alle vedischen Vorstellungen über Reinheit und Moral überschritten; ein sogenannt „linker" Pfad zur Selbstverwirklichung.

vermitteln deshalb einen Reichtum an Informationen. Es gibt andere große Weise und *Yogis*, die über wirkliche persönliche Erfahrungen mit der *Kundalinī* verfügen, doch aus verschiedenen Gründen zögern, irgendetwas schriftlich festzuhalten.

Die traditionellen Texte, die von der *Kundalinī* handeln, wie die *Hatha-Yoga-Pradīpikā, Shat Chakra Nirupanā*, die *Tantras* einschließlich der verschiedenen Kommentare zum *Saundarya Laharī* und die Schriften von Bhaskara Raya, Kaivalyashrama und Lakshmidhara, benötigen die Führung eines initiierten *Gurus*, um ihre Geheimnisse zu offenbaren. Solche *Gurus* sind heutzutage sehr selten.

So ist es nicht verwunderlich, dass es zu einem eher lächerliche Spektakel von Tausenden von Menschen kommen kann, die mit geschlossenen Augen dasitzen und von einem selbsternannten *Guru* erwarten, dass er die *Kundalinī* in ihnen erwecke – serienmäßig, für alle gleichzeitig.

Es gibt Menschen, die behaupten, ihre *Kundalinī* sei endgültig erweckt, weil sie ein Prickeln in ihren Handflächen spüren. Ein Hypnotiseur kann das besser; er kann dir die Empfindung des Prickelns auch am Hals oder an jedem erwünschten Teil deines Körpers verschaffen.

„Warum nicht?", fragen die Fürsprecher des Instant Enlightenment Kults. „Rāmakrishna Paramahamsa erleuchtete Svāmi Vivekānanda durch eine einfache Berührung; Nityānanda Avadhūta erweckte Svāmi Muktānandas *Kundalinī* durch seinen bloßen Blick! *Shaktipat*[110] ist möglich. Alte Texte behaupten es." Doch ist nicht etwas, das du von der Stange kaufen kannst – es ist kein käufliches Gut.

Überlege nur ein wenig und gehe nicht in eine Falle. Warum erwählte Shrī Rāmakrishna nur Swami Vivekānanda für diese spezielle Berührung? So auch der große Nityānanda. Ein Blumenverkäufer in Ganeshpuri, der sich bis dahin spirituell wenig entwickelt hatte, gehörte zu den Schützlingen von Shrī Nityānanda. Warum hat er ihm *Shaktipat* nicht erteilt?

---

110 Erweckung der Kundalinī durch den Meister.

Es ist wahr, dass Meister eines hohen spirituellen Status die *Kundalinī* oder das spirituelle Bewusstsein in einem Menschen allein durch ihren Wunsch erwecken können. Doch dann tun sie dies ausschließlich für einen Schüler mit den richtigen Qualifikationen – intensiver Sehnsucht nach der Wahrheit – und für einen, der sich einer ernsthaften *Sādhanā* widmet. Ist der Schüler reif, so wird ihn der *Guru* auswählen und ihm seine Gnade erweisen. Sei deshalb vorsichtig, wenn jemand spirituelle Erleuchtung im Großhandel anbietet.

Wir werden uns nicht mit vielen Details aufhalten, etwa was die Anzahl der Blütenblätter verschiedener *Chakras* oder deren Farben und so weiter angeht. Solche Details sind nicht wichtig. Jene, die es genau wissen wollen, finden alles in den originalen Schriften in Sanskrit oder in ausgezeichneten Übersetzungen, wie John Woodroffes *Die Schlangenkraft*. Doch, was die *hathayogischen* und anderen in Büchern zu findenden Praktiken betrifft, sollte man sie nicht ohne Führung durch einen erfahrenen Lehrer anwenden. Ohne solche Führung sind sie nicht nur nutzlos, sondern regelrecht gefährlich.

Es gibt Beispiele von unglücklichen Enthusiasten, die infolge der Übung von Praktiken, die sie für spirituell hielten, den Verstand verloren haben. Dazu kommen die möglichen physischen Schädigungen durch unkorrekte Praxis von Stellungen des *Hatha-Yoga* oder Übungen des *Prānāyāma*.

Nun zu den nüchternen Grundlagen des *Kundalinī-Yoga*. Die *Kundalinī* ist eine spirituelle Kraft oder Energie. Ihr Symbol ist die Schlange. Sie schläft in allen menschlichen Wesen, ob männlich oder weiblich, wie eine aufgerollte Feder inaktiv, doch in einem potenziellen Zustand, am äußersten unteren Ende der Wirbelsäule in einem *Mūlādhāra-Chakra* genannten Zentrum. Ein *Yogi* unterscheidet sich dadurch von den gewöhnlichen Menschen, dass er die mit der *Kundalinī* intim verbundenen sexuellen Impulse kontrolliert und die *Kundalinī- Schlange* durch die von seinem *Guru* vermittelten spirituellen Praktiken aus ihrem Schlaf erweckt und sie aufwärts führt, Schritt für Schritt, entlang des zentralen *Sushumnā*-Kanals in der Wirbelsäule, bis sie das *Sahasrāra-Padma,* den tausendblättrigen Lotos im Kopf erreicht.

In allen menschlichen Wesen bewegt sich das *Prāna* oder die Lebensenergie und erfüllt seine Funktionen durch zwei *Nādīs* oder Kanäle, *Pingalā* auf der rechten Seite der Wirbelsäule und *Idā* auf der linken. Die *Pingalā,* im *Hatha-Yoga* auch „ha" genannt, ist der positive Kanal, und die *Idā,* auch *„tha" genannt,* ist der negative. Die zentrale *Nādī,* auf deren beiden Seiten *Idā* und *Pingalā* verlaufen, heißt *Sushumnā* und liegt im Kern des Rückenmarks. Der *Sushumnā*-Kanal ist normalerweise geschlossen, und der *Yogi* öffnet ihn durch seine Praktiken. Er führt die negativen und positiven Prānas an der Basis der Wirbelsäule durch *Prānāyāma* zusammen und, indem er die *Kundalinī* anstößt, erweckt er sie und führt sie entlang der befreiten zentralen *Sushumnā* hinauf. Indem sich die *Kundalinī* vom *Mūlādhāra* aus nach oben bewegt, berührt sie fünf weitere Zentren, eines über dem andern, beginnend mit *Svādhishthāna,* wenig oberhalb der Geschlechtsorgane, *Manipūra,* im Nabel, *Anāhata* in der Mitte der Brust, *Vishuddha* in der Kehle und *Ājñā* im Raum zwischen den Augenbrauen, bevor sie das siebte Chakra im Gehirn erreicht. Das eigentliche Erwachen der *Kundalinī* im *Mūlādhāra* erzeugt eine glückselige Empfindung in diesem Zentrum. Indem sie aufsteigt und sich durch alle *Chakras* bewegt, die treffend als Lotosblüten mit nach unten hängenden Blütenblättern beschrieben werden, richten sich diese auf und erblühen durch die magische Berührung der *Kundalinī*. Nicht allein erreicht die vom *Yogi* erfahrene Glückseligkeit unvorstellbare Höhen, seine Augen öffnen sich auch zu größeren Durchblicken, wunderbaren Räumen, die er sich nie zuvor hätte vorstellen können. Sein physischer wie auch sein feinstofflicher Körper, sein Bewusstsein und sein Intellekt, werden verfeinert, und *yogische* Kräfte wie Hellsichtigkeit und so weiter beginnen sich spontan zu manifestieren.

Wenn die *Kundalinī* das *Sahasrāra* erreicht, sich als *Shakti* mit *Shiva,* dem passiven Prinzip, vereinigt, werden sie ununterschieden zum einen weiten Ozean des Friedens und des allgegenwärtigen Seins. Vom *Yogi,* der sich in diesem Zustand verliert, sagt man, er sei in *Samādhi*. Wenn die

Kundalinī wieder zu den tieferen Zentren absteigt, ist sich der *Yogi* der Welt bewusst, doch er ist jetzt ein anderer Mensch. Der Stein der Weisen hat ihn berührt und in Gold verwandelt. Er mag sich eine Rüstung aus Eisen zulegen, um im Lebenskampf zu bestehen, doch inwendig ist er von reinem Gold. Natürlich kann er die *Kundalinī* nach Belieben wieder in die Begegnung mit dem Höchsten führen. Solch ein *Yogi* ist wahrhaftig eine Manifestation von Shiva, Shivam[111], Glück und *Shivoham*[112]. *Shivoham ist sein Mantrasiddhi.*[113]

Wir gehen hier nicht auf die ewige Kontroverse ein, ob es sich bei *Kundalinī* um ein physisches Phänomen oder eine psycho-physische Energie handle und so weiter. Wir verzichten auch auf die Debatte, ob es sich bei den *Chakras* um wirkliche Nervenzentren oder lediglich astrale Formen handle. Wir überlassen dies jenen, die für solche Diskussionen Zeit haben. Es wäre sicher nützlich, die Wahrheit über diese Tatsachen zu entdecken, doch letztlich geht es um eine Frage der Prioritäten. Unsere Prioritäten sind andere.

Es genügt zu sagen, dass mit Sicherheit eine Verbindung zwischen der *Kundalinī* und dem physischen Körper besteht und dass diese in beide Richtungen wirkt. Erstens vermögen gewisse physische Stellungen und Übungen, einschließlich der Kontrolle des Atems, sowie Praktiken, welche die Körperchemie verändern, wie zum Beispiel das Fasten, die Erweckung der *Kundalinī* auszulösen und zu beschleunigen, sofern die anderen Voraussetzungen gegeben sind. Zweitens ist die Sexualität intim mit der *Kundalinī* verbunden. Die Kontrolle und Verfeinerung der Sexualität ist eine der wichtigsten Vorbedingungen für die Erweckung der Kundalinī. Abgesehen von den spirituellen und psychischen Entwicklungen, die damit einhergehen, bewirkt sie auch biologische Veränderungen im physischen Organismus, die vom Yogi klar wahrgenommen werden. *Kundalinī* ist nichts anderes als die

---

111 Im Namen Shivas.
112 Ich bin Shiva.
113 *Mantra,* mit dem spezielle Kräfte gefördert oder kultiviert werden können.

Para-Shakti, die höchste (weibliche) Energie, die nach Vollendung ihres Schöpfungsaktes im Makrokosmos und Mikrokosmos im *Mūlādhāra* ruht. Andererseits ist die *Kundalinī* potenziell dieselbe allmächtige Kraft, die das ganze Universum manifestiert und durch die es funktioniert.

Die folgenden, sie anrufenden Verse aus der *Īshā-Upanishad* unterstreichen die unendliche, unzerstörbare Natur dieser Energie:

> *Om pūrnamadah pūrnamidam*
> *pūrnāt pūrnamudachyate*
> *Pūrnasya pūrnamādāya*
> *pūrnamevā vashishyate*
> *Om Shāntih, Shāntih, Shāntih.*

In sinngemäßer Interpretation:

> Unendlich ist das Unsichtbare wie auch das Sichtbare.
> Das sichtbare Universum ist Ausdruck des Unendlichen.
> Doch das Unendliche bleibt vollständig,
> trotz seines Ausdrucks im endlichen Universum.
> Om Friede! Friede! Friede!

www.ingramcontent.com/pod-product-compliance
Lightning Source LLC
LaVergne TN
LVHW010333200726
843507LV00010B/1474